UNIVERSITY OF NORTH CAROLINA
STUDIES IN THE ROMANCE LANGUAGES AND LITERATURES
Number 70

I0660979

MODÈLES DE PHRASES SUIVIS D'UN RECUEIL DE MODÈLES DE LETTRES D'AMOUR

PONTUS DE TYARD
MODÈLES DE PHRASES
SUIVIS D'UN RECUEIL
DE
MODÈLES DE LETTRES D'AMOUR
ÉDITION CRITIQUE
AVEC INTRODUCTION ET COMMENTAIRE

PAR

JOHN C. LAPP

CHAPEL HILL
THE UNIVERSITY OF NORTH CAROLINA PRESS

Depósito legal: v. 1966 - 1967

ARTES GRÁFICAS SOLER, S. A. - JÁVEA, 30 - VALENCIA (8) - 1967

TABLE DES MATIÈRES

INTRODUCTION

I. LE MANUSCRIT

1. *Description*

Le manuscrit des *Modèles de phrases,* suivis de *Modèles de Lettres d'Amour* appartient à la Bibliothèque Municipale de Haguenau (Cote Ms. 2.11). [1] Relié en carton souple, recouvert de pleine peau de porc, et mesurant 165/105 mm., il contient deux ouvrages séparés: le premier, une sorte de rhétorique, propose au roi Henri III ce que Pontus de Tyard appelle dans une épître dédicatoire des «phrases ou faceons de parler»; il compte au début 8 feuillets non chiffrés, suivis de 105 feuillets chiffrés. Les dix derniers feuillets (106^v-115) sont consacrés au second ouvrage: quarante-cinq lettres d'amour; il s'agit évidemment d'un autre texte modèle, secrétaire galant peut-être destiné également au roi. Ce dernier texte a dû être ajouté après que le livre a été relié, car il occupe toute la surface laissée par la reliure; pour l'écrire le volume a été retourné. Le papier du manuscrit est de chiffon blanc, portant en filigrane des lignes verticales distantes de 24 mm. et trois marques: une grappe de raisin, symbole bien assorti aux origines bourguignonnes de l'auteur, et deux couronnes, l'une en forme de tiare —ce qui étant données les habitudes de l'époque, pourrait bien rappeler à la

---

[1] Nous tenons à remercier le professeur P. O. Kristeller, qui nous a appris l'existence du manuscrit, ainsi que M. l'abbé A. M. Burg, conservateur de la Bibliothèque municipale de Haguenau, qui a bien voulu autoriser sa publication. Que l'Université Stanford, qui a généreusement subvenu à une partie des frais de publication, trouve ici l'expression de notre vive reconnaissance. Une bourse de voyage, offerte par l'American Council of Learned Societies, nous a permis d'étudier le manuscrit en France.

fois le nom de l'écrivain et ses occupations ecclésiastiques— l'autre apparemment une couronne de Marquis. [2]

Le deuxième feuillet non chiffré porte le texte suivant, d'une écriture du dix-huitième siècle: «Ce Manuscript est en entier / de la Main de Ponthus de Thiard / nommé eveque de Chalon par Henry III / en 1578 / on a de lui des poesies francaises — 1573 / et des homelies / Ronzard le regarde comme le pere ou pour mieux dire comme l'introducteur du sonnet / en France / il mourut au Chateau de Bragny — 1605.» Au bas de la page figure, de la même main, la signature: *Batt. D'Ourchères.*

Quant à l'écriture du manuscrit, peut-on croire à l'exactitude de cette déclaration? Les deux parties semblent être écrites de la même main, bien que celle des lettres d'amour soit plus petite, et, chose remarquable, font preuve d'un bout à l'autre d'une constance d'orthographe presque absolue. Nous en parlerons avec plus de détail quand nous en viendrons à l'étude de la langue. Il suffit de noter que nous sommes en présence ici d'un exemple remarquable d'orthographe personnelle, qui devrait fournir aux spécialistes un précieux matériel, d'autant plus qu'ils sont obligés le plus souvent de recourir aux textes imprimés, où l'orthographe et ses variantes sont le fait de l'impression. [3]

Pourtant nous hésitons à conclure que le manuscrit est de la main de Pontus. La chose n'est certes pas impossible. Une comparaison, à l'aide d'agrandissements, de l'écriture du manuscrit avec les seuls autographes que nous connaissions, ceux reproduits par J. P. A. Jeandet et ceux de la Bibliothèque Nationales, révèle bien des ressemblances (voir fig. 1); surtout de l'*l* initial, de l'*n* final, de l'*e* final et intérieur toujours fait de deux traits, et du *P* majuscule. [4] Les différences

---

[2] Pour les filigranes nous avons consulté C. M. Briquet, *Les Filigranes, Dictionnaire historique des marques de papier*, 2e ed. (Leipsig, Hiersemann, 1923). Les grappes de raisin et les couronnes sont parmi les filigranes les plus abondants. La grappe de raisin qui semble être la même que celle du papier de Pontus, est de Lyon, 1587-93, ce qui tend à confirmer notre hypothèse d'une date tardive entre 1578 et 1589.

[3] C. Beaulieux, *Histoire de l'orthographe française* (Paris, Champion, 1937), 2 vols.

[4] En plus des trois signatures et de la lettre reproduites par Jeandet, nous avons vu trois signatures du fonds Rothschild (1602, 1603, et 1604). Nous avons comparé, non seulement certaines lettres, mais certains mots souvent utilisés, tels *Cest* (Pontus ne met jamais l'apostrophe), *il, mon, encore, endroit* (qui revient fréquemment dans la phrase en *mon [ton, vostre]* en-

pourraient s'expliquer par le fait que l'écriture du manuscrit, surtout de la première partie, est appliquée, comme il convient à une copie de présentation. Pontus l'aurait-il dictée à un secrétaire? Deux faits indiquent qu'il s'agit, non d'une œuvre dictée, mais d'une copie; d'abord les blancs dans les deux parties — non seulement il y a des feuillets vides, mais des mots omis dans le texte même [5] et surtout la phrase suivante, insérée entre les lettres 15 et 8: «celle-cy fut envoyée avant l'autre et est l'ordre transposé comme en quelques autres cy-dessuz.» Qui plus est, l'existence de mots biffés ou corrigés dans la même main portent à croire que ce fut l'auteur lui-même qui l'a rédigé. Par contre, bien que la déclaration de Batt. (Battiste?) d'Ourchères ne soit pas à négliger, la dernière lettre d'amour, dans une main très différente de celle du reste du manuscrit, prouve que ce dernier n'est pas *entièrement* de la main de Tyard. Plus important encore, l'épître dédicatoire est signée «Pontus de Thiard», bien que dans toutes les signatures connues, l'auteur écrive «Tyard», son premier biographe Jeandet allant jusqu'à déclarer que le poète n'a jamais orthographié autrement son nom de famille. [6] Il est vrai pourtant que les formes *Thiard* ou *Thyard* étaient courantes du vivant de Pontus, et que ses contemporains utilisaient indifféremment jusqu'à quatre versions: *Tiard, Tyard, Thiard* ou *Thyard*, en latin ou en français. [7] Dans ses œuvres imprimées, on lit presque toujours *Tyard*, mais là encore il y a des exceptions. Par exemple à deux reprises la forme latine s'imprime *Thyardeus* ou *Thyardei*. Pontus, semble-t-il, n'aurait pas laissé imprimer son nom ainsi dans une édition revue par lui s'il n'avait pas accepté les formes

---

droit); quelques mots moins fréquents mais se trouvant dans manuscrits et lettres autographes: *voyage, cruauté, injustice.*

[5] Ce qui laisse supposer que le volume ne fût jamais livré à l'imprimeur. La préface de la première édition de *Mantice* (1557) et des *Douze Fables de Fleuves* (1586) parlent d'une habitude qu'avait Pontus de «receler» chez lui ses manuscrits, qu'il aurait fallu, dans les deux cas, livrer à l'imprimeur à l'insu de l'auteur. Mais il faut reconnaître ici la part de la convention.

[6] J. P. A. Jeandet, *Pontus de Tyard* (1860), p. 150.

[7] Ainsi, E. Pasquier adresse une lettre à Monseigneur de *Tyard*, une autre à Monsieur de *Tiart, Choix de Lettres sur la littérature, la langue et la traduction publiées et annotées par D. Thickett*, (Genève, Droz, 1956), pp. 33 et 42. Du Bellay adresse un sonnet au «Divin *Thyard*, qui dedeignant la terre» (*Œuvres*, ed. Chamard, II, 288) et Ronsard écrivait «*Thiard*, chacun disait à mon commencement» (*Second Livre des Amours*, I, i, ed. Cohen). En Latin, François d'Amboise, dans un sonnet liminaire, écrit «te, docte *Thiarde*»,

Thiard ou *Thyard*. Peut-être donc la signature *Pontus de Thiard* n'est-il pas un argument concluant contre l'hypothèse que les *Modèles de Phrases* et les *Lettres d'amour* sont de la main de Pontus; il reste pourtant un argument d'un certain poids.

2. *Provenance.*

La page de titre nous révèle, du moins en partie, l'historie de ce petit ouvrage. Ecrit en capitales, vraisemblablement par la même main du dix-huitième siècle que celle qui a rédigé la notice, le titre se formule ainsi: MODELES / DE PHRASES, OU DISCOURS, / Pour parler, ou ecrire / Par / PONTUS DE THIARD / Eveque de Chalon. / MS / De la Biblioth. de M^r le Pres. Bouhier. / F 46 / MDCCXLI / Il semble s'agir d'un titre composé par d'Ourchères, peut-être bibliothécaire de Bouhier, [8] d'après la phrase de l'épître dédicatoire de Pontus, «je vous donne ces phrases ou faceons de parler...». Quant à Jean Bouhier, premier président du Parlement de Bourgogne (1673-1746), ce fut un grand amateur de livres dont l'aïeul acheta la bibliothèque de Pontus de Tyard en 1642. [9] La Collection Bouhier, vendue en 1781 à l'Abbaye de Clairvaux, fut partagée à la Révolution entre la Bibliothèque Nationale, la bibliothèque de Troyes et celle de l'Ecole de Médecine de Montpellier.

Comment et quand ce manuscrit qui semble donc avoir été acheté séparément, est-il arrivé à la Bibliothèque de Haguenau, qui ne fut construite qu'en 1839? Nul ne le sait. On peut dire tout au plus qu'il y fut déposé entre 1839 et 1870, car il porte le sceau «Bibliothèque communale de Haguenau», qui eût été après l'annexion «Hagenauer Stadtbibliothek».

---

et sur la page de titre et dans le titre même du *De Cœlestibus asterismis* (1573) le nom s'imprime *Thyardeus* et *Thyardei*.

[8] Les titres, dates, et cotes de plusieurs manuscrits du fonds Bouhier, que nous avons consultés à la Bibliothèque Nationale, sont rédigés de la main de ce Battiste (?) d'Ourchères. Le N. A. 4219 (*Remarques de Jean Bouhier sur les IV premiers livres du roman satirique de Rabelais*) porte l'annotation suivante: «Ecrites de la propre main de l'auteur.» Le N. A. 1210 (*Lettres françoises de J. Scaliger*) est daté par d'Ourchères de 1736.

[9] Le manuscrit ne figure pas dans l'inventaire de la bibliothèque, dressé au moment de la vente. V. S. F. Baridon, *Inventaire de la bibliothèque de Pontus de Tyard*, (Lille et Genève, Droz, 1950).

3. Datation.

La datation du manuscrit, comme sa provenance, reste incertaine. Tout ce qu'on sait c'est que la première partie a été écrite entre 1578, date où Pontus devint évêque de Chalon, et 1589, date de la mort de Henri III. Sans doute c'est à ce roi que Pontus s'adressait dans l'épître dédicatoire, comme l'a d'ailleurs noté d'Ourchères: «C'est apparemment le Roi Henri III». Selon Claude Perry, l'historien de Chalon-sur-Saône, Pontus, déjà à la cour depuis 1570, s'en retira à la mort de Charles IX en 1574, mais il y fut rappelé par Henri III. [10] On peut conjecturer que l'ouvrage fut composé à l'époque où fleurissait l'«Académie du Palais», c'est-à-dire entre 1578 et 1585, lorsque Pontus, avec Ronsard, Baïf, Desportes, Amyot et Davy du Perron, s'occupait «à enrichir ce noble esprit de toutes sciences honestes et vertueuses». [11] Aux deux derniers également, le roi avait demandé des conseils en matière d'éloquence. Du Perron, on le sait, aida le monarque de la façon la plus directe en composant certaines de ses harangues. [12] Amyot, lui, offrit au roi un *Project de l'éloquence royale,* qui n'est malheureusement pas daté et qui devait rester manuscrit jusqu'en 1805. [13]

Il n'est d'ailleurs pas invraisemblable que le traité d'Amyot fût pour quelque chose dans la composition des *Modéles de phrases* de Tyard. Car, après avoir défini l'éloquence royale, le savant auteur engage le roi à commander divers autres ouvrages qui puissent lui

---

[10] Claude Perry, *Histoire de Chalon sur Saône,* 1659, p. 353.

[11] Lettre d'Amyot à Tyard, cité par Jeandet, ouvr. cité, pp. 175-176.

[12] V. René Radouant ed. *Guillaume du Vair: De l'éloquence françoise* (Paris, 1908), p. 68. Nous en avons consulté plusieurs, mais nul ne témoigne de l'influence des *Modèles de Phrases.*

[13] *Projet de l'éloquence royale, composé pour Henry III, roi de France,* (Versailles: Pierres, 1805). Un autre traité anonyme, par un Jésuite, et sans date mais vraisemblablement de 1583, la *Rhétorique française faicte particulièrement pour le Roy Henry 3,* a été publié par G. Camus dans «Precetti di Rettorica scritti per Enrico III, Re di Francia» in *Memoria della Regia Accademia di Scienze, lettere ed arti in Modena,* serie II, V (1887), pp. 69-110. Sur Henri III orateur, et l'Académie du Palais, voir F. Yates, *The French Academies of the Sixteenth Century,* (London: The Warburg Inst., 1947), pp. 105 ss. Quant à Pontus lui-même, du moins au dire de ses contemporains, c'était un orateur accompli. E. Pasquier, dans son épitaphe, appelle son ami «orateur non pareil, admirable pòète», et Charles Fontaine, dans ses *Odes, Enigmes et epigrammes* (Lyon: J. Citoys, 1557), le traitait déià de «Poète et orateur parfait» (67).

servir d'aide-mémoires, entre autres «un recueil des plus beaux discours de ce qui appartient à la guerre» (pp. 18-19), un registre «des maisons et nobles familles de ce Roïaume» (p. 22) ou une «histoire des siecles precedents». Selon Amyot, de tels ouvrages «escrits de bonne plume», formeraient «un thresor», «un promptuaire». Bien que Pontus offre plutôt au roi un recueil de phrases modèles sur des sujets appartenant à la rhétorique formelle, il demeure possible qu'en lui demandant ce recueil de modèles précis, où il n'y a aucun appareil théorique, le roi ait suivi le conseil du vénérable traducteur de Plutarque.

Ni dans le texte d'Amyot, ni dans celui de Pontus, aucune allusion ne permet d'établir les dates de composition précises. Néanmoins, certains éléments dans deux chapitres des *Modèles de phrases* «En accusant ou blasmant» et «Pour Conseiller quelc'un», font penser aux Guise et à la Ligue, fondée en 1576, et dont la révolte devait éclater vers 1585. On sait que Pontus resta jusqu'au bout loyal à Henri III, dont il prit le parti aux Etats Généraux de 1588. Or, les «faceons de parler en acusant ou blasmant» parlent d'un haut personnage qui est «riche et pecunieux», mais aussi violent et corrompu, ayant osé vendre la justice et voler le roi lui-même. Dans le chapitre «Pour conseiller», le roi donne à un gouverneur de province loyal l'avertissement suivant: «Ne vous fiez pas en ceux qui tiennent ou ont tenu le party que vous scavez et si l'on vous remonstre qu'il s'en pourra recognoistre entr'eux quelc'un qui ne vous trompera, je confesse que vous le pouvez esperer, mais l'essay en est dangereux ou vous ne devez entrer en danger de l'esperance». Dans «Pour excuser ou deffendre» le roi demande «Suis-je pas excusable si j'employe les moyens de toutes forces industries et stratagemes pour purger mon royaume de ceste pernicieuse peste et dommageable faction?» Dans ce «party que vous scavez», «cette dommageable faction», on est tenté de reconnaître la Ligue, mais ce n'est qu'une pure conjecture, étant donné la nature rhétorique des *Modèles de phrases*.

4. Les Modèles de Phrases.

Cette nature, Pontus la précise dans son Epître au Roi. Il s'agit non pas d'une rhétorique à proprement parler, mais d'une phraséologie, «ces phrases ou faceons de parler lesquelles V. M. a desirées». Si le nombre en est limité, c'est qu'elles doivent servir d'exemples, qu'on peut varier en remplaçant une négative par une affirmative, ou en les transformant de diverses manières. Cette fonction multiple risque, bien entendu, de rendre la phrase neutre ou incolore. Cependant, on le sait, Pontus se piquait de bien écrire, et il laisse percevoir dans sa lettre au roi, tout en affectant une certaine modestie, la fierté de l'artiste qui veut dépasser le plan utilitaire pour atteindre au beau style: «Si ay-je touteffois balancé chaque période à quelque juste equilibre de bonne mesure et possible plus curieusement que ne requiert un si petit ouvrage, au reste ne pouvant forcer ma naturelle faceon d'escrire eslongnée du vulgaire...» [14] On reconnaît dans la dernière phrase le poète de la Pléiade, toujours fidèle au principe *odi profanum vulgus*.

Cette «période à quelque juste équilibre» se trouvait déjà dans ses *Discours philosophiques* dont voilà quelques extraits caracteristiques:

> Si cest argument se treuve moins contraignant & pressif, ils adjoustent cestuy comme ayant plus de nerf. Dieu ne voudroit dissoudre & ruiner ce monde que pour en faire un nouveau, pour jamais n'en point creer d'autre. Et s'il en veut faire un nouveau, ce sera de trois l'un; ou un semblable, ou un meilleur, ou un pire; mais de ces trois ne peut estre un point sans reprehension. Car à quelle fin en feroit-il un semblable? Quelle inconstance seroit-ce de ruiner cestui, pour ne point ameilleurer? Quelle monstre seroit-ce de sapience? [15]
>
> ... ...
>
> Que me diroient-ils de mille, ou plus grand nombre d'hommes tués en un moment le jour d'une bataille, ou à l'assaut d'une ville? De trois, de quatre, ou plus, foudroyés en un clin d'œil d'un même coup de canon? De cent pionniers accablés en un moment dedens les mines? [16]
>
> ... ...
>
> Quant aux animaux qui perissent, cela ne contraint point, car perisse tant qu'on voudra, cestuy et celuy, l'espece ne perira pour cela, veu qu'autant qu'il en meurt, autant il en renaist, l'un succedant à l'autre, comme le jour à la nuit.

Dans ces trois extraits, dont les deux premiers sont imités d'œuvres de Cicéron, on constate surtout le rythme bien marqué, soit ternaire, soit quaternaire, et le savant emploi des interrogations. On peut reconnaître dans les phrases-modèles les mêmes qualités de rythme et

---

[14] Voir la dédicace à Henri III, de l'édition de 1578 du *Second Curieux*, citée plus bas, p. 35, n. 2.

[15] *Le Second Curieux* dans J. C. Lapp, *The Universe of Pontus de Tyard* (Ithaca, N. Y., 1950), pp. 177-178.

[16] *Mantice*, ibid., p. xxxiv.

d'équilibre, la même habileté dans l'emploi de l'antithèse, de l'énumération et de l'interrogation:

> Si l'audace de vostre ennemy se peut veincre par magnanimité, sa folle fureur par prudente valeur, sa temerité par discretion, sa violence par force, croyez que je vous aideray de courage, de dexterité, de conseil, de puissance et de tous mes autres moyens pour le vous contreindre de venir à raison. [17]

. ...

> Si la facheuse brigue de ses ennemyz opprime son bon droit, qui est-ce qui s'osera jamais appuyer sur la vertu? Qui est-ce qui fera plus estat de l'honneur? Qui est-ce qui se travaillera doresnavant de bien faire pour s'acquerir l'amityé des bons, puisque tout cela ne peut empescher les dommageables effectz de la mauvaise volonté des meschans (71)?

Bien entendu, ces phrases modèles soigneusement construites, mais isolées, ne faisant jamais partie d'un tout, serviraient mal, étant donnée leur nature volontairement neutre, à une étude générale du style de l'auteur; elles sont pourtant une preuve de sa maîtrise de la langue. Qui plus est, Pontus ne peut pas toujours se rendre aussi objectif qu'il le voudrait. Tel passage où l'orateur défend un accusé oppose la vie pieuse et solitaire de ce dernier au tumulte et à la corruption des cours de justice:

> Quelle faceon peut estre celle d'un studieux amateur de solitude parmi les tumultueuses compagnies d'un palais, d'un ordinaire voire continuel suppliant et devotieux en une eglise parmi les captieuses et litigieuses contestations d'un parquet, et d'un continuellement ententif aux sermons et interpretations de l'escripture Sainte entre les audiances des procez, querelles, et discours prophanes? (69).

Cet extrait, avec une remarque à propos de «la mauvaise opinion que tout le monde a conceue des officiers de la justice» laisse croire que Pontus exprime là sa propre opinion, très répandue à l'époque, d'ailleurs, sur les tribunaux.

---

[17] *Modèles de Phrases*, p. 74. Nous donnons désormais les références aux *Modèles de phrases* entre parenthèses dans le texte.

Dans le même contexte se trouve un croquis rapide du criminel défiant ses juges: «Voyez l'imprudence désespérée. Il ose, ce meschant, estant aux fers et aux manottes, non seulement imaginer mais prononcer en parolles claires et injurieuses les arrogantes menaces de vengeance» (42). Mais de tels traits sont rares dans la longue série de phrases dénonciatoires qui, pour être souvent tournées avec une perfection ciselée, n'en sont pas moins parfois froides et banales.

Le chapitre «Pour conseiller» présente pourtant un certain intérêt, ne serait-ce que pour le conseil suivant concernant l'entourage d'un grand: «Accompagnez-vous de vos gardes de telle faceon qu'elles semblent plutost vous servir d'honneur et demonstration de vostre grandeur que de force pour offenser ny vous deffendre» (81). Le thème du contraste de l'apparence et de la réalité, où l'on a cru voir une caractéristique de la littérature baroque, paraît plus nettement encore lorsque l'auteur se demande «si je me doibz garder plus soigneusement ou de la violence de mes ennemis descouvertz ou de la tromperie de mes feintz et dissimulez amyz» (77), ou en félicitant un ami, constate que «ce vous doibt bien estre un contentement plus grand que tel nombre d'ennemyz s'esjouissent de votre prosperité et que vous soyez spectateur de l'honneur qu'on faict à votre honneur et auditeur des louanges de voz louanges» (80).

Mais le chapitre qui s'apparente le plus à la tradition littéraire est celui intitulé «Pour consoler», qui traite un thème de rhétorique cher aux écrivains de la Renaissance. Ceux qui s'attaquaient au sujet de la consolation puisaient, bien entendu, aux sources fécondes de l'antiquité; comme le disait Montaigne, «Veus-je tirer de la consolation pour moy, ou pour une autre? je l'emprunte de Cicero.»[18] Pontus, lui, s'adressait pour ses modèles de phrases consolatrices surtout à Sénèque, dont il imita parfois de très près la *Consolation à Marcie*.[19] Déjà dans ses *Nouvell' œuvres poétiques* de 1573, il s'était essayé au genre de la Consolation dans son *Epistre à Mademoiselle de Saillant sur la mort de Madame la Comtesse de Beine*.[20] Poème et phrases modèles répètent les lieux communs tirés de Cicéron et de Sénèque; notamment l'idée que la mort est commune à tous, et que le

---

[18] *Essais*, ed. Villey, 1922-23, I, xxv, 146.

[19] Bien que Sénèque soit mentionné dans les *Discours philosophiques*, c'est la première évidence d'une influence directe du philosophe sur Pontus.

[20] *Œuvres poétiques complètes*, éd J. C. Lapp (Paris: STFM, 1966), p. 250.

défunt a trouvé au ciel un plus parfait bonheur. Mais là où l'épître insiste sur la vertu de la défunte, conservée à jamais par la mort:

> Ne blasmes pas la Mort: car jusqu'à ce qu'on meure,
> Ny honneur ny vertu en seureté demeure..., [21]

les phrases modèles, qui parlent peu du disparu, proposent plutôt à l'inconsolable les qualités proprement stoïciennes de la fermeté et de la constance: «Souffrez constamment vostre douleur, car si elle est petite la pacience en est facile ou aysée, et si elle est grande la gloire en est d'autant plus remarquable» (62). Selon Pontus, un cœur généreux prendra sa force dans le regard d'autrui: «Tous ceux qui vous cognoissent ont l'euil sur vous et considerent quelle est vostre force et magnanimité pour soustenir les fortunes adverses» (58).

5. *Les Lettres d'Amour.*

La première partie du manuscrit, qui concernait surtout l'art de parler, ne négligeait pourtant pas l'art épistolaire; car dans le chapitre que nous venons de présenter il a été question en passant de donner des exemples de consolation en forme de lettres. Et si B. D'Ourchères, dans le titre qu'il donne à l'ouvrage, le qualifie de modèle pour parler *ou écrire,* était-ce qu'il pensait au secrétaire galant qui suit les phrases-modèles, et qui constitue l'élément le plus intéressant et le plus curieux du présent ouvrage?

Mais a-t-on le droit, s'il n'est pas certain qu'elles soient de la main de Pontus, de lui attribuer ces lettres d'amour? Il n'en parle pas dans l'épître dédicatoire, et elles ont été certainement ajoutées au manuscrit plus tard; elles ne font pas la suite des phrases-modèles, car, comme nous l'avons dit plus haut, pour les écrire le volume a été retourné. Il paraît donc impossible de les lui attribuer de façon certaine. Pourtant, il y a toutes chances que ces lettres, qui font partie du même volume, et qui, à l'exception de la dernière, sont écrites de la même main que les *Modèles de Phrases,* ont été composées par Pontus de Tyard.

Ce genre de recueil est rarissime en France au seizième siècle. C'est Etienne Pasquier qui semble avoir rédigé pour la première fois des

---

[21] Sur la rhétorique de la consolation, voir O. B. Hardison Jr., *The Enduring Monument* (Chapel Hill: Univ. of North Carolina, Press, 1962), et surtout pp. 113-118.

modèles de lettres d'amour. Ses *Lettres amoureuses,* publiées avec les *Rimes et proses d'E. P.* en 1555, et qui mettent en usage les preceptes de ses dialogues amoureux du *Monophile* furent probablement inspirées des *Lettere amorose* de Girolamo Parabosco. Mais la comparaison des lettres de Pasquier avec celles de Pontus ne révèle guère de similitude. [22] Il en est de même des deux ou trois ouvrages du genre, d'ailleurs plus tardifs, que nous avons pu trouver. *Le Chemin de bien vivre et miroir de vertu, avec le style de composer toutes sortes de lettres missives,* par Pierre Habert, publié d'abord en 1571, et ensuite en 1587, avec une dédicace à Henri III, ne contient qu'une seule lettre d'amour. *Le Secrétaire françois* de Nathanaël Adam [23] présente une série d'épîtres amoureuses, qui gardent un caractère plus général que le recueil de Pontus, la plupart d'entre elles offrant des conseils pour la conduite d'une liaison, et se groupant sous divers titres comme les suivants: «Employer une tierce personne» ou «Rechercher la faveur de l'une des proches de sa maîtresse».

À la différence de celles d'un Habert sinon d'un Pasquier, les quarante-cinq lettres du recueil que nous presentons méritent désormais de prendre place dans la littérature du seizième siècle. Elles racontent, un peu à la manière des *canzonieri,* les péripéties d'une liaison secrète à la cour entre un personnage royal et sa maîtresse, dame d'honneur d'une princesse, et leur ton et leur langage rappellent parfois les *Erreurs amoureuses* du poète Mâconnais. [24] Comme dans les *Erreurs,* les deux amants jouent au jeu des contraires: pour eux *liberté* équivaut à *liens* ou *servitude; repos* à *inquiétude;* l'amant compare sa passion tour à tour à la flamme et à la glace et se dit inspiré «des rayz» des beaux yeux de sa dame; tous deux se demandent comment ils pourront

---

[22] Voir Pasquier, *Choix de Lettres,* ed. Thickett, pp. xxi-xxii. Thickett conclut peut-être un peu hâtivement que leur «style est celui de nombreux auteurs de lettres amoureuses du siècle suivant».

[23] Paris, A. du Brueil, 1616; première édition: 1585. Les *Lettres amoureuses* d'Estienne du Tronchet ne parurent qu'en 1595, celles de G. du Faur de Pibrac en 1761; elles auraient pu circuler en manuscrit du vivant de Pontus, mais il n'y a pas de rapport entre elles et les lettres de Tyard.

[24] On relève assez souvent dans l'ouvrage des éléments du vocabulaire pétrarquiste typiques des *Erreurs amoureuses,* p. ex: «nous *distillerions* continuellement nostre vye *en pleurs et en tristesses*» (58); «le *doux Zephir* de vostre haleine» (87); «l'*aumonne* que vous lui ferez de vos bonnes graces» (86). Voir *Œuvres poétiques complètes,* éd. citée, pp. 33, 34 et 108.

vivre sans cœur». Il s'y trouve des éléments de «dépit amoureux»; les deux amants se reprochent tour à tour le ton trop sec d'une lettre, des absences trop prolongées ou des refroidissements imaginaires.

Parfois aussi, comme dans les *Erreurs amoureuses,* on entend un langage bien moins éthéré. Ainsi donc écrit la dame «pour me venger je vous souhaitte tenir icy dedans mon petit lict» (89), et «son serviteur» de répondre lestement, en attendant leur rencontre nocturne, «je baise vos yeux et tantost vostre bouche». A la suite d'une querelle, l'amant propose un rendez-vous à une heure (du matin ou de l'après-midi?) pour «offrir le corps du cœur que vous avez, toute belle», et la maîtresse enchaîne «Je l'atten donc de vous avec le payement que vous me promettez, mon mignon». (96). [25]

Des deux correspondants, c'est la dame qui se livre le plus volontiers aux tournures familières que l'auteur devait estimer peu dignes du personnage royal. Elle dit carrément ce qu'elle pense des courtisans: «Tous les galans de la cour sont des sots à mes yeux» (108), déclare-t-elle; et quand ses obligations de dame d'honneur la retiennent auprès de la personne qu'elle sert, elle l'annonce dans une langue simple et directe: «Mon mignon, j'ay grand peur de ne te voir pas demain car ce soir Mad. la P. m'a commandé de l'assister. Il ne m'est pas permis de luy refuser» (96); plus tard elle confie à son amant, «Mon fils, je meurs de la toux». (101). Assez étonnamment, elle sait même s'effacer: «je te supplye, mon cœur, donne un peu de treve à ton amour et pense à tes affaires» (100). Ailleurs, elle se déclare prête à lui obéir, quoiqu'elle «porte le nom de maitresse». On est loin ici de la tradition de l'amour courtois.

Tous deux font allusion à divers incidents: l'amant, obligé de quitter la cour subitement, lui laisse un mot, mais un laquais négligent oublie de le lui remettre; la dame se plaint amèrement un jour de trop de «visites de tant d'honestes personnes», ajoutant «je les ai tous mauditz mille fois de me ravir l'heur de vous entretenir» (102).

On reconnaît dans ce mélange de pétrarquisme et de réalité le ton qu'on constate depuis Du Bellay; ces lettres d'amour sont bien de leur époque. Mais on remarque partout l'annonce d'une tendance qui

---

[25] Pourtant elle l'avertit, à un moment donné, «... mais n'entreprenez rien que ce qui me plaict le plus. Vous scavez que je scay chastier ceux qui s'esgarent en leurs voluptez» (87).

caractériserait le siècle suivant: celle de la recherche précieuse. [26] Car ces lettres témoignent, malgré leur côté familier, de cet effort vers l'élégance, de ce goût des choses de l'esprit, qui feront dire à Somaize «Je suis certain que la première partie d'une Précieuse est l'esprit.» [27] Une des premières énonce ce qui pourrait être une règle du jeu: «il n'y a point de si grand plaisir en l'amour que le discours». Ailleurs on lit une remarque digne de l'*Astrée*: «La gloire d'amour n'est deue qu'à ceux qui meurent constants et l'amoureux n'est dignement recogneu que par la memoire qu'il laisse de soy à ceux qui le suyvent pour exemple de la fidélité, car celuy qui la survit a peché contre amour» (90). La métaphore précieuse compare souvent l'amour à la guerre, aux duels, à la chasse, aux jeux de société, à la procédure. C'est dans cet esprit que la dame en «huissière d'amour» présente, dans une lettre, une «requête amoureuse», qui demande que l'amant soit «commandé de m'aymer de toute la puissance de son âme sans jamais aymer autre que moy et à la restitution de dix baisers que je luy ay prestez et envoyez dans un poulet...» (82) [28]. Les jeux de mots caractérisent la préciosité; Voiture écrivait à «une Lionne», «Il ne doit pas pourtant vous deplaire que je vous parle d'amour de si loin, et quand ce ne serait que par courtoisie, vous devez être bien aise de voir des poulets de Barbarie». La dame s'amuse à jouer ainsi sur le même mot: «Je veux revoir ce poulet, il chante trop haut pour en faire garde et puis de l'heure que je parle il est jour deffendu de viande» (89).

De la même manière que les activités qu'on vient de voir, le proverbe se prête, dans la littérature précieuse, au langage amoureux. «Vous êtes, écrit l'amant, comme la pierre qui aiguise et ne coupe pas». Pour l'inciter à aller jusqu'au bout de son amour, il évoque la course, avec ce conseil: «on ne cueille la palme qu'au bout de la carriere» (90). Irrité par ses soupçons, il tâche de les dissiper à force

---

[26] On sait que, définie largement, la Préciosité a existé depuis le Moyen-Aye et qu'elle est une sorte d'universelle en littérature (R. Bray, *La Préciosité et les précieux, de Thibaut de Champagne à Giraudoux*). Mais l'œuvre de Pontus est caractéristique de la Préciosité en tant que mouvement social et littéraire, telle que la définit O. de Mourgues: *Baroque, Metaphysical and Précieux Poetry* (Oxford, 1953), ch. VII.

[27] Somaize, *Le Dictionnaire des Précieuses*, éd. C. L. Livet (Paris: Jannet, 1856), I, p. 23.

[28] Cf. le langage juridique de la lettre 19, «Prenez donc, mon cœur, ce mot comme le tribut que vous imposez sur mes journées puisque vous m'en voulez quicter les arrerages d'un jour» (98).

d'aphorismes: «celuy qui regarde au travers d'un verre de couleur croit que tout soit de la couleur du verre. La bonne viande se corrompt en un mauvais estomac» (93).

Mais ce ton léger le cède à une allure plus grave, surtout vers la fin du recueil, où la liaison semble en proie à des difficultés de plus en plus nombreuses. Le stoïcisme du chapitre «Pour consoler» se retrouve lorsque l'amant essaye de rassurer sa maîtresse: «La gloire sera plus grande d'avoir surmonté tout à coup tant d'adversitez que si elles étoient arrivées l'une après l'autre» (102). Dans une autre lettre, paraît le thème onirique cher à Pontus, comme aux autres poètes du seizième siècle. Il s'agit d'un contraste entre l'expérience réelle et celle du songe; est-ce possible, demandent-ils, que celle-ci l'emporte sur celle-là? Dans ses *Nouvell'oeuvres poëtiques,* Pontus avait déjà souligné l'activité de l'esprit du dormeur libéré du corps:

> ...bien que le corps lent estendu ne labeure
> L'esprit vif, las trop vif, sans travail ne demeure:
> Car plus celuy se lasche en l'image d'un mort
> Plus cestuy va en soy receuillant son effort... [29]

Pour l'auteur des lettres, également, l'expérience du songe peut dépasser en intensité celle de la vie réelle: «Il me seroit difficile de dire combien il y a de différence entre la vive imagination d'une chose extremement aymée et la jouissance, car quelz discours, quelz propos, voire plus poliz, l'esprit au repoz du corps massif ne represente-il? Il a ses fonctions plus libres et semble qu'il gouste mieux le plaisir» (99). Mais en fin de compte ce plaisir est à rejeter; il peut contenter un «simple appétit brutal», mais il ne peut suffire à celui qui «fonde son amour sur les merites d'une maistresse, sur le contentement qu'il prent en ses discours et l'honneur qu'il a de son amityé».

Il est évident qu'il ne s'agit pas ici que d'un compliment bien tourné. Nous sommes devant la transformation d'un lieu commun pétrarquo-platonique, selon lequel le corps ne serait qu'une entrave à la pureté et l'intensité d'un amour qui ne peut être pleinement goûté que dans le rêve. Tout en respectant cette conception, on nous en démontre l'insuffisance. Le rêve peut même satisfaire le désir sensuel,

---

[29] *Elégie à Pierre de Ronsard* dans *Œuvres poétiques complètes,* éd. citée, p. 236.

comme le démontre l'expérience, citée dans la lettre, du jeune homme qui songea qu'il embrassait la courtisane Thonis. Mais il n'y a que la présence réelle de la personne aimée qui satisfasse l'amant, parce que le vrai amour est fondé non seulement sur le désir physique, mais sur le mérite, sur le «discours»; c'est-à-dire la communion de l'esprit. Chose paradoxale, dans ce rejet d'un dieu commun néo-platonicien, l'auteur se rapproche de Platon lui-même, qui, selon Cicéron dans le *De Divinatione*, dénonçait l'insuffisance et même la folie de l'expérience du dormeur; c'est-à-dire qu'il récuse «l'amour platonique» tel qu'il a été filtré à travers les commentateurs successifs, pour revenir à la source. [30]

Ainsi, si tant est qu'il soit l'auteur des *Lettres d'amour*, Pontus se libère des conceptions conventionnelles de l'amour. Il en est de même du style des lettres, qui mélange, nous l'avons déjà vu, la langue formelle à la langue familière. Pourtant il n'y manque pas d'images poétiques; celle, virgilienne, qui compare le héros au grand arbre battu par le vent, ou celles, pétrarquistes, des yeux qui éclairent les ténèbres, ou de la lettre cruelle qui laisse au visage de l'amant des traces de langueur. Par contre, on constate un effort de rendre le geste plus réel lorsque la dame se présente «les mains jointes, les larmes coulantes sur mon sein» et ajoute «ce papier en est marqué bien que j'essaye de les retenir». On y relève même d'assez curieux jeux de mots religieux, qui n'ont guère de rapport avec la tradition: «si j'ai faict faute c'est humanité, le pardon est de divinité» (96), écrit la dame; elle se demande «si en l'autre vye on a quelque mémoire de ce que l'on a le plus estimé en ce siecle» (88) et propose des rendez-vous à l'église (98).

Ce style mêlé, contrasté à la langue égale des *Modèles de phrases*, et surtout la nature double de l'ouvrage sont suggérés par le distique suivant écrit en forme d'exergue sur la première page de garde:

Duplicis in medio montis satis ampla caverna est
In cuius medio flatque reflatque notus.

Comme tant d'autres vers de Pontus ceux-là sont cryptiques; on reconnaît la «montagne à deux pics: le Parnasse; mais cette «assez grande caverne», ce vent qui souffle tantôt d'un côté tantôt de l'autre, que

---

[30] *De Divinatione*, I, 51, 57, 59.

signifient-ils? Ne peut-on pas supposer qu'il s'agit de l'inspiration dont le souffle varie? Ces vers ne pourraient-ils donc décrire, de façon générale, la carrière du polymathe que fut Pontus, et de façon particulière la variété de l'ouvrage manuscrit?

LA LANGUE DU MANUSCRIT

Nota: Nous suivons, pour l'étude de la langue du manuscrit, la disposition des chapitres ayant trait à la morphologie et à la syntaxe de *l'Histoire de la langue française: Le Seizième siècle* de F. Brunot. Nous nous sommes pourtant bornés à ne signaler que les cas chez Pontus qui nous semblent d'un intérêt particulier par rapport à l'étude de Brunot, soit ceux qui ne sont pas repérés par lui, soit ceux qui viennent confirmer telle conclusion du philologue, soit ceux qui éclaircissent la pratique de Pontus de Tyard. Sans avoir tenu compte, dans les pages qui suivent, des autres ouvrages en prose de Tyard, nous y renvoyons dans les notes lorsque la comparaison paraît utile. Il ne saurait, bien entendu, être question ici d'une étude linguistique complète mais d'une étude sommaire qui ne présente qu'un nombre d'exemples réduit auquel le lecteur peut lui-même ajouter à son gré.

I. L'ORTHOGRAPHE

Remarquablement consistante, l'orthographe de Pontus le montre en proie à ce que Brunot appelle «la fureur etymologique»; il semble suivre en cela son cousin Des Autels, adversaire de Louis Meigret, et surtout les frères Estienne.

A. *Voyelles*

E sourd. 1) Pontus le conserve régulièrement dans le verbe *asseurer* et ses composés (*asseuré, asseurance*), et dans les participes passés se terminant aujourd'hui en *u*: *veu, sceu, meu, creu, despourveu, cogneu, escheu, deue, pourveu, compareu, peu* (participe passé de pouvoir).

2) il écrit parfois *que* sans élision (*que elles, que a*) mais le plus souvent le fond au mot qu'il précède, sans apostrophe: *quils*.

3) il signale pourtant l'élision dans *comme* et les adjectifs féminins devant une voyelle ou h non prononcée, par une apostrophe: *comm'il, cest'heure, comm'on, bonn' affection*.

B. *Consonnes*

C *prononcé comme* S. Nous ne relevons qu'un seul cas où la cédille paraît clairement sur le manuscrit (conçois, p. 79). Après *c* Pontus fait régulièrement précéder d'un *e* sourd 1) l'*o* des substantifs (*faceon, soupceon*). Il écrit même deux fois *cea* (pp. 94, 100); il ne signale jamais la prononciation dans les terminaisons: *appercois, recoys,* et écrit toujours: *scavoir, scayt, scavez, scaviez*); 2) l'*u* des composés du verbe *recevoir*: *receu, receut, receusse.*

II. Morphologie

Article défini. Comme Amyot et comme Montaigne, Pontus use encore du pluriel *es* qu'il écrit *ez*.

Article partitif. Pontus ne s'en sert guère, écrivant, par exemple, *recevoir plaisir, avoir asseurance, avoir agreable* (100) *tirer recompense;* «*si vous attendez nouvelles pleintes* (44), *par infiniz et continuelz bons offres* (76), *esperer grace* (88); ... *ce sont forcemens de femmes chastes et pudiques vierges* (41) *ce sont sanglans massacres et impiteux meurtres...* (41); v. pourtant *il y a des hommes* (71), *je faiz du bien* (75) *vous me desirez du bien* (106).

A. *L'Adjectif*

1) *Le féminin*

(a) Un cas important témoigne de la réaction du type qui n'avait *e* qu'au féminin sur l'adjectif qui avait *e* aux deux genres: Pontus écrit sans exception au masculin: *fidel,* forme que Brunot qualifie de rare.

(b) Pontus double presque sans exception la consonne finale devant l'adjonction de l'*e* muet:

i) quand la consonne est *l*: *royalle, egalle, inutille;* il écrit pourtant *difficile.*

ii) quand la consonne est *t*: *ingratte*. Il écrit également *secrette* et *discrette,* que Brunot n'a relevé nulle part (p. 293). On pourrait dire que d'une façon générale, Pontus double la consonne *f* devant une voyelle: *deffendre, proffictable, gratiffier*. On trouve d'autres cas de consonnes doubles devant voyelle: *oppiniastreté*.

iii) quand la consonne est *n*: *felonne* (59), *bonne.*

2) *Orthographe du pluriel*

(a) *Mots terminés par voyelle*: *mots en* é. Le pluriel après *é* est régulièrement en *z* (Mais cette règle ne s'applique pas aux participes passés). *Mots en* u. Le pluriel est régulièrement *z*.

(b) *Mots terminés par consonne*. Si elle est dentale: Le pluriel est régulièrement en *z*: *espritz, partz, adversitez*.

3) *Démonstratifs*

(a) *ce* au pluriel, Pontus écrit toujours *ces;* au masculin du singulier, *ce* et *cest;* au féminin, *ceste*.

(b) *celui* et *cestuy*. On trouve les deux formes, parfois ensemble, et toujours composé avec *ci* ou *là*: *«peut-on treuver estrange que j'aye faict choix de celui la pour quicter cestuicy...* On trouve également *cestuicy qui* que Brunot ne relève pas.

4) *Indéfinis*

(a) *Un*. Parfois pronominal, ce qui est une tendance des poètes (Brunot, p. 323): ... *«la compagnie d'un qui ne m'est agreable...*

B. *Le Verbe*

(i) *Les désinences*. A. l'*s* finale (a) du Présent. Selon Brunot, la question de l'addition de l'*s* à la première personne du singulier du présent divisait les théoriciens du XVIème siècle. La plupart du temps, Pontus y ajoute un *z*. La première personne du singulier de *croire* s'écrit le plus souvent je *croidz* ou je *croiz*, une seule fois je *croy;* celle de *devoir*, je *doibs*, et je *doys* une seule fois; celle de *voir*, toujours je *voydz;* celle de *dire*, je *dictz;* celle de *faire*, je *faictz*.

b. l'*e* final. Pontus écrit toujours l'*e* final après voyelle à la première personne de l'indicatif présent: *je supplye*.

c. *l'imparfait*. Il se trouve peu d'exemples; ceux que nous avons relevés montrent que les désinences *oys, ois* l'emportent nettement sur *oye* ou *oy*.

d. *le* t *de la conjugaison interrogative*. Selon tous les grammairiens l'on devait ajouter, en le prononçant, un *t* à tous les verbes non terminés par un *t* à la troisième personne et placés devant le pronom; Pontus ne l'écrit jamais, pourtant: *A il jamais eu ennemi... A il jamais veincu personne... A il jamais contracté amityé...?* (48); *Ne sera il pas temps de se pleindre et fondre en larmes* (106). En cela il suit la coutume de l'époque.

e. *Les radicaux.*

(i) *Verbes qui deviennent défectifs*: *devoir*. Aucun exemple du radical *doiv* aux formes faibles.

ramentevoir chez Pontus, uniquement à l'infinitif (un seul exemple, p. 39).

prouver. Pontus écrit *preuver*, *apreuver*, ou *epreuver*.

trouver. Pontus écrit *treuver*, mais deux fois *trouver* (pp. 33 et 93). [31]

C. *Les Mots invariables*

1. Les Adverbes

(a) Adverbes en *-ment*. Sur les adjectifs en *ant* et *ent*, Pontus forme régulièrement des adverbes en *amment* et *emment*: *constamment* (53, 92), *abondamment* (57), *vaillamment* (83) *violemment* (38), *imprudemment* (51, 54), *insciemment* (65), *impatiemment* (70), *diligemment* (83). [32]

(b) Adverbes tirés d'adjectifs terminés par voyelle. Pontus n'ajoute pas d'*e* muet: *affectionnement*. (74, 75).

III. SYNTAXE

1. *L'Article indéfini*

Nous avons traité plus haut par rapport à l'article partitif des exemples de cas de l'omission de l'article lorsqu'un nom de qualité ou d'acci-

---

[31] Malgré l'influence des compositeurs, il semble que l'orthographe personnelle de Tyard ait survécu en grande partie dans ses œuvres imprimées. Dans *Les Discours philosophiques* (1587), l'orthographe suit, à peu de chose près, celle des *Modèles de phrases et Lettres amoureuses*.

[32] La très utile étude de H. Vaganay sur l'adverbe «De Rabelais à Montaigne: les adverbes terminés en *-ment*,» *Revue des Etudes Rabelaisiennes*, tomes I (1903), 166-187; et II (1904), 11-18; 173-189; 258-274; III, 186-215, et V (complément), 160-175; nous montre que Pontus était, dans ce domaine, un innovateur: plus de trente adverbes cités par Vaganay ne se trouvent que chez lui, et maints autres ne se trouvent que chez lui et deux ou trois autres auteurs, avec lesquels il n'aurait guère pu avoir de rapports. Nous avons relevé de nombreux adverbes en *-ment* qui ne figurent pas dans les listes de Vaganay, dans le manuscrit que nous éditons et dans *Les Discours philosophiques*, qu'apparemment le savant rabelaisant n'avait pas étudiés.

dent est régime du verbe qui peuvent être ajoutés à ceux que donne Brunot (393).

(a) *Adjectifs indéfinis sans article; tous: si estant donné de tous moyens son arrogance est odieuse* (44) mais Pontus écrit aussi: *Vous ouvrez par ceste clef les prisons à tous les criminels.*

tel: j'aurais commiz telle offense (47); *ne vous esmerveillez du reffuz que je vous ay faict de telle charge* (50); *vous adonnant à telz autres exercices* (57); *je desire vous donner telle preuve* (57).

mesme: ... prétendre à mesme honneur (70).

(b) Expressions de quantité: *en tant agreable partye de ma memoire* (46): *... si remarquable avancement de gloire* (71).

(c) *Répétition de l'article*: quand il y a plusieurs substantifs, Pontus n'exprime l'article qu'une ou deux fois: *«l'impacience, l'aigreur et violence de la colère* (82); *une promesse de fidélité, de constance et amitié perdurable* (104).

2. *Le Substantif*: flottement de *genre*.

offre est masculin chez Pontus: *par infiniz et continuels bons offres* (76).

delice est féminin: *Ce sont mes souveraines delices* (102).

mensonge est féminin: *tant d'impudentes mensonges* (44) *ombre* est masculin: *ce ne m'a esté qu'un ombre de contentement* (98).

3. *Les Pronoms*

(a) *le pronom personnel* Pontus omet très rarement le pronom sujet: *«Si vous pensez bien au devoir que vous me devez... et ne perdez ainsy vainement le temps* (58); *j'ai achevé ce que scavez* (91); *je suis en vous et m'inspirez* (87).

(b) *possessifs.* On remarque le possessif tonique joint à un nom avec un article ou un démonstratif: *cette sienne contenance ... une sienne naturelle gracieuseté* (50).

(c) *pronoms indéfinis*: aucun au sens positif: *aucunes bonnes choses.*

4. *Le Verbe*

(a) Le subjonctif. Il y a une grande variété d'emplois. D'une façon générale Pontus s'approche de l'usage moderne: *Il n'est pas raisonnable que vous... soyez ouy* (47); *ne treuvez mauvais que je vous escripve* (48); *il serait bien malseant que je fusse lent* (63).

Il y a pourtant des emplois insolites: après *comment que* (84) et *ores que* (105).

Chez Pontus, le subjonctif se rencontre quand on croit une chose qui n'est pas: *Celuy qui regarde au travers d'un verre de couleur croit que tout soit de la couleur du verre* (93).

(b) *La proposition infinitive.* a) *imitation latine* (Brunot, 454) se trouve chez Pontus, suivant des verbes signifiant *penser* et les expressions impersonnelles: *Puisque j'ai cogneu mon contentement vous servir... et mon ennuy vous contrister* (74); *il me semble vous estre bien mieux seant* (81).

On trouve aussi l'infinitif dépendant de la proposition *par*: *Puisqu'il est venu à cest avancement par mal faire* (80).

(c) On trouve l'infinitif sujet ou complément avec ou sans préposition: *Adjouster foy au tesmoignage des meschans est hasarder et mettre en proye le bien et la vye des bons* (48); *j'appelle liberté d'estre retenu...* (87).

5. *La négation*

On trouve l'omission de *ne* dans les phrases interrogatives directes signalées par Brunot comme «très fréquente» (473): *Scavez vous pas* 62, 84); *vous semble point la pleinte estre inutile?* (58).

Pontus ajoute souvent *pas, point* ou *jamais* à la négation simple, mais l'omet à l'impératif: *N'adjoutez trop de foy à la bonne fortune* (84); *Ne soyez si curieux d'amonceler honneur sur honneur* (83); *Ne pensez que je m'offre à vous...* (75); *Vous ne delaisserez de me l'envoyer* (103).

La pratique de Pontus tend à confirmer, pour le manuscrit, notre hypothèse d'une date tardive entre 1578 et 1589 (Brunot, p. 472).

John C. Lapp

PRÉSENTATION

Nous avons tenu à présenter le texte en en conservant, dans la mesure du possible, le caractère d'un manuscrit du XVIème siècle. Toutefois, afin d'en rendre la lecture plus facile, nous avons cru bon de 1) changer en *j* l'*i* consonantal; 2) ajouter: (a) l'apostrophe là où l'auteur l'omet, (b) la consonne nasale, indiquée toujours par le signe (~), (c) les points d'interrogation, (d) l'accent aigu au féminin des participes en *é*, (e) l'accent grave de la préposition *à* et des adverbes *où* et *là;* et (3) redresser la ponctuation (addition de virgules, remplacement des deux points par un seul).

FIG. 1.ª. Dernière page du manuscrit (*Modèles de lettres d'amour*)

FIG. 1^b. Lettre de Pontus de Tyard à Mr. de Villars (Jeandet, pp. 178-179)

et glorifie Impudemment./

N'est ce pas extreme fureur
et transport d'esprit hors de
toute humaine raison, que ceux
cy ayent deffaict ruiné saccagé
et pillé non seulement contre
toute religion pieté et saincteté de
conscience Mais encor soubz le
nom de a[i]ne conscience faulsement Empruncté[s] les praetexte[s]
de religion feincte es choses
q de toute antiquité toutes
religions ont tenues pó sainctes
sacrées & Inviolables./

Il est donc d'une si briefue[?]
malice quil traicte l'amy et
l'ennemy de mesme couaute[?].
prenant pour grand louange
d'estre craint et redoubté d'uy

FIG. 2. Page 15^v du manuscrit

en treslongue et heureuse prosperité

Vostre treshumble treffidel et
treschoyssant subiect et serviteur

Pontus de Thiard & de
Chalon

Table des Chappitres

Phrases ou façons de parler en
accusant ou blasmant ——————— 1 fueillet 1

Pour excuser ou defendre —————— 2 f — 21

Pour Consoler ——————————— 3 f — 42

Remerciements ——————————— 4 f — 58

Pour recommander ————————— 5 f — 70

Pour presenter ou offrir ————— 6 f — 81

Plaintes ——————————————— 7 f — 91

Pour congratuler ————————— 8 f — 93

Pour Conseiller quelcun ————— 9 f — 99

Fig. 3. Fin de la Dédicace et Table des Chapitres

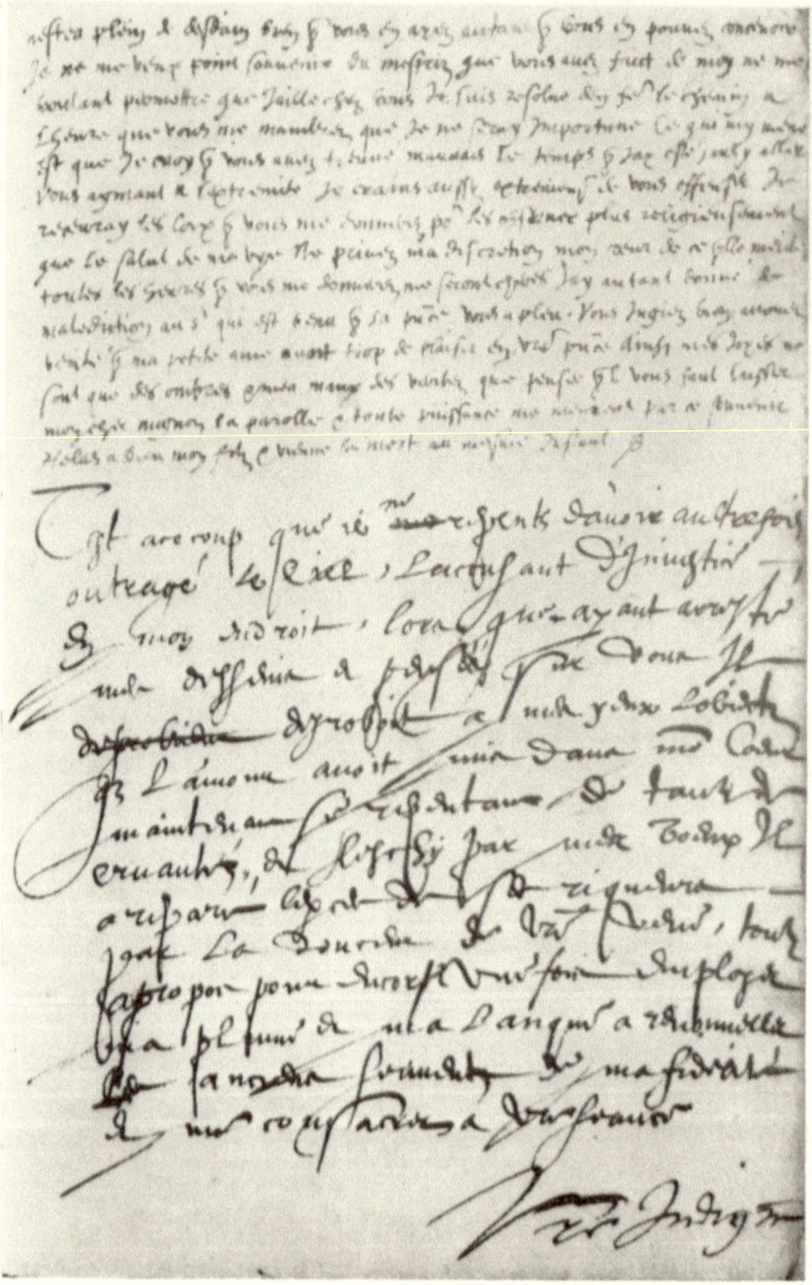

FIG. 4. Dernière page des *Modèles de lettres d'amour*

Duplicis in medio montis satis ampla caverna est
*In cuius medio flatque reflatque notus.**

Sire,

Je ne veux pas estre de ceux qui desesperez de pouvoir achever un œuvre desdeignent de le commencer ou s'i entremettre. Car voicy que sachant assez combien il m'est impossible d'acquiter mon debvoir ou atteindre le but de la satisfaction à laquelle je suis obligè à Vostre Majesté si m'employe je à son commandement et vous donne ces phrases ou faceons de parler lesquelles V. M. a desirées. Si le nombre n'en est tant multiplié que pourroit souffrir l'infinité et diversité des subjectz, aussy ne doibt servir cecy A^r / que d'exemplaire d'une tant belle varieté qu'elle se pourroit multiplier abondamment en changeant une negative ou deguisant une accusation en deffence ou deffence en accusation comm'aussy un remerciement en offre ou un offre en remerciement ou prenant garde à la difference des qualitez du grand au moindre et du moindre au grand et ainsy de tous les autres essayz que j'ay tastez en ce peu que je vous offre.[1] Je croyz bien que mon stile ne semblera couler si facilement que requiert la netteté de vostre A^r / oreille. Si ay je touteffois balancé chaque periode à quelque juste equilibre de bonne mesure et possible plus curieusement que ne requiert un si petit ouvrage. Au reste ne pouvant forcer ma naturelle faceon d'escripre eslongnée du vulgaire[2] je pense que puisque je suis vostre quel que je sois que vous me recevrez et retiendrez pour tel, vous suppliant de croire que je ne puis ceder à personne en tres ardente et tres bonne

---

[1] On remarque qu'il ne semble pas du tout s'agir, dans cette lettre, des *Lettres amoureuses*, qui ont dû être ajoutées ultérieurement au volume. V. Introduction, p. 18.

[2] Dans l'épître dédicatoire à Henri III, de l'édition de 1578 du *Premier Curieux*, Pontus réclame pour la prose française le même soin que pour la poésie: «Voudront-ils (les Français) pas permettre que la prose s'esleve sur le style bas et rampant des premiers, comme ils appreuvent, honorent, et cherissent les beaux vers des poëtes de ce temps... ?». J. C. Lapp, *The Universe of Pontus de Tyard* (Ithaca, N. Y., 1950), p. 130.

volonté de faire tres humble et agreable service à V. M. la quelle je supplie Dieu vouloir continuellement conserver B^r / en tres longue et heureuse prosperité.

Vostre tres humble tres fidel et / tres obeissant subject et serviteur. [3]

Pontus de Thiard E de / Chalon

Table des chappitres

---

[3] C'est exactement la même formule qui conclut la lettre à Henri III de l'édition de 1578 du *Discours du temps, de l'an et de ses parties*.

Sur Pontus de Tyard, voir J. C. Lapp, *The Universe of Pontus de Tyard* (Ithaca, N. Y., 1950); S. Baridon, *Pontus de Tyard (1521-1605)*, (Milan: Viscontea, 1950); K. M. Hall, *Pontus de Tyard and his Discours Philosophiques*, (Oxford, 1963); J. C. Lapp, éd. *Œuvres poétiques complètes* de Pontus de Tyard (Paris: STFM, 1966).

EN ACCUSANT OU BLASMANT

La charge en laquelle je suis, la foy que j'ay donnée au public, la pitié et commiseration que j'ay des affligez, l'exemple tiré de la bonté de mes predecesseurs, et en fin ma naturelle inclination me faict vous advertir que je desire autant la punition de ce meschant que la recognoissance ou recompense des bienfaictz aux vertueux et gens de bien.

Je ne veux que la declaration que je faictz de la mauvaise reputation en laquelle je le tiens fleschisse voz affections contre luy, ny que mon aucthorité le rende moins capable de justiffication. Toutefois si vous cognoissiez comme son vice ou sa meschanceté est incompatible avec mes mœurs 1^r / vous donneriez ordre par exemple pris sur luy, que ses semblables ne s'enhardissent dores en avant d'offenser ma pacience par leurs vitieuses actions ou deportemens.

Ce malheureux est souillé de toutes les impudences de la lubricité et de tous les meurdres de la cruauté, de toutes les pilleries concussions et assassinementz de l'avarice, et de tous les oultrages ausquelz la plus insolente et superbe præsumption peut pousser un meschant.

Quel desplaisir pensez vous que je sente me voiant au rang que je tiens, reduit en l'une de ces deux extremitez qu'il faut que les bons qui ont fondé leur appuy sur moy soient descheuz 1^v / de l'esperance qu'ils ont d'estre par mon moyen en seureté contre la licencieuse malice des meschans qui demeurent impuniz par la foiblesse de mon authorité, ou que je sois en reputation de dissimuler ou avoir intelligence avec le vice contre lequel j'ay tousjours declaré et publié une jurée et irreconciliable inimityé?

Possible [4] trouverez vous estrange que contre ma faceon accoustumée et mon propre naturel vous m'oyez blasmer ou accuser autruy.

---

[4] Peut-être, forme utilisée par Pontus dans les *Discours philosophiques* de 1587, *passim.*

Mais quant vous aurez consideré comme je suis naturellement ennemy du vice, et que cestuicy est naturellement vicieux, vous perdrez ceste admiration et quittant toute bonne opinion si jamais vous l'avez eue de luy m'en estimerez de condition plus louable 2^r /.

Je ne doibz estre tenu pour mesdisant ou hayneux et desireux de vengeance tenant tel langage de cestuicy, mais plustost affectionné à la garde et deffence des gens de bien lesquelz il a si violemment et malicieusement offencé.

Puisque la punition de ce meschant est la vraye satisfaction qui peut estre faicte au tort qu'il tient à si grand nombre d'hommes vertueux et innocens, vous pouvez penser que je sollicite autant le soulagement et deffense des bons que la punition des mauvais.

La licence de mal faire est en ce temps avancée jusques à si grande et dangereuse liberté que les pauvres afligés sont tellement destituez de toute esperance de soulagement qu'ilz tiennent trop heureux quand ilz rencontrent quelc'un qui console leur 2^v / calamité et leur persuade une penible consolation de leur miserable pacience. Faictz je donc pas œuvre tres recommandable si tendant au chastiement des meschans je releve les affligez de plus souffrir de peines et leur metz en main le soulagement que à peine osent ilz seulement desirer?

Si maintenant je ne m'aigrissois contre celluicy qui est atteint d'un vice auquel je porte une tant publiée et descouverte inimityé, ne donnerois je pas à tous les gens de bien trop legitime cognoissance et soupceon que je serois ou feint ou trop gracieux ennemy?

Je suis pressé de solliciter pour [5] luy voire pressé si necessairement qu'il faut que je me declare favorisant à son mechant party 3^r /.

Personne n'eut oncques tant d'affection à soustenir son honneur, tant de sollicitude à garder son bien, ny tant de vehemence à deffendre sa vye que cestuicy a eu d'affection desordonnée, de vigilante solicitude et vehemente violence pour despouiller autruy d'honneur de biens et de vye.

Ne pensez que je sois poulsé contre luy pour aultre affection que celle que je porte à l'équité. Car que me peut il nuyre? J'ose dire qu'il n'y a rien en moy qu'il puisse mespriser ny en luy que je doibve creindre.

Il ne m'a jamais offencé que par l'offence publique qui l'a rendu odieux à tous les vertueux et gens de bien 3^v /. Si vous faictes justice de

---

[5] *Contre* est rayé sur le manuscrit.

cestuicy vous ne punirez pas tant seulement un meschant au conten-tement et satisfaction de la partye offencée, mais davantage vous effa-cerez de la veue des hommes le tres pernicieux exemple de toutes sortes de vices.

Je n'estime pas que nous soyons plus louables de deffendre et soula-ger les affligez iniquement que de solliciter et poursuivre la punition de ceux qui sont incorrigibles et meschans.

Quelle plus notable et certaine marque se peut veoir d'un royaume qui se ruyne et duquel l'estat est desesperé que l'absolution des mes-chans et l'oppression des bons et vertueux?

Voycy Messieurs [6] la plus belle occasion qui se pouvoit presenter pour effacer la mauvaise opinion que tout le monde a conceue 4^r / des officiers de la justice entre lesquelz chacun croyt et crie que la corrup-tion est si fermement assize qu'un homme riche et pecunieux [7] ne peut estre condamné quelque meschant qu'il soit. Or est cestuy excellemment doué de ces deux conditions. Prenez donc garde d'effacer ceste infame reputation par l'equitable justice que vous ferez à ce coup. Ces vices enormes et ses horribles cruautez le tiennent en opinion de chacun pour condamner à la mort. Et toutefois la confiance qu'il a en sa richesse luy faict esperer voire asseurer son absolution.

Je ne desire sa punition pour rendre l'ordre odieux, mais au con-traire pour le nettoyer de l'infamie de laquelle ce meschant l'a si vilaine-ment souillé. 4^v /.

S'il eut esté aussy secret comme audacieux en ses entreprises il eut possible attiré la faveur de quelc'un de vostre compagnye par ces tentations pecuniaires. Mais puisqu'il s'en est vanté aussy ouverte-ment comm'il a publiquement commiz ses crimes se treuveroit il ame tant corruptible qui voulut glisser soubz ces promesses? [8]

Il n'y a de reste aux lieux où ces larrons et voleurs ont passé que ce qu'ilz n'ont sceu trouver ou qu'ilz n'ont peu emporter. Qu'est il besoin de ramentevoir [9] les effectz de son abominable impudicité puis-que la nature mesme en a horreur et qu'un homme honneste ne les peut prononcer sans rougir n'y penser sans rider le front et froncer le sourcil? 5^r / Ce malheureux a tant commiz de crimes qu'il y a

---

[6] Abrégé dans le texte.
[7] Riche.
[8] Se faire tenter par ses promesses.
[9] Se rappeler.

plus à creindre que j'en oublye à dire que de soupceon que je luy en suppose.

Tout ainsy qu'au bruict que l'on faict à la venue du loup chacun craint de perdre son mouton, [10] aussy jamais ce larron n'est arrivé en ce lieu que chacun ne creignist la perte de son bien.

Souffrirez vous que ce meschant se vante de pouvoir par argent achepter de vous son absolution et que impunement par ses presents il tente vos consciences au peril et diminution de voz bonnes renommées?

Si vous envoyez cestuicy absouz qui est le criminel en tout le nombre de meschans qui ne tienne son absolution 5ᵛ / toute asseurée. Et qui sera l'homme contenu plus par creinte de punition que par amour de la vertu qui ne se licentiast [11] de mettre en effect tous les meschans desirs de son meschant desir et vicieux naturel?

Je ne vous semondrois [12] de faire justice de ce meschant desja condamné par la voix commune et publicque comme forfaictz sont dommageables au commun et perpetrez [13] publicquement, si je n'estois adverty qu'aucuns de ceux qui assistent à ce jugement sont sollicitez et presque consentans de fleschir à son absolution en faveur de quelque authorité qui les a corrompuz.

Ne vous doibt point chacun particulierement emouvoir l'audace de cest effronté? Peut il concevoir comm'il fait bonn'esperance de l'yssue de sa cause s'il ne s'est aussy imprimé une 6ʳ / tres mauvaise opinion de voz consciences?

Chacun guette, chacun est aux escouttes de vostre jugement duquel les bons attendent la seureté ou le peril de leurs biens et de leurs vyes et les meschans le chastiement ou la licence de mal faire.

Il n'y a ni service des siens ny noblesse de parentage ny en luy modestie grace particuliere ou science de lettres ny memoire d'aucunes bonnes choses qu'il ayt jamais faictes qui le puissent rendre excusable ou respecté.

Si vous debvez en ce faict estre meu de pityé sera ce plustost à l'endroit de ce meschant qui n'a laissé aucune espece de cruauté non experimentée, qu'envers ceux qui vous requierent justice et raison des tortz et oultrages infiniz 6ᵛ / que ilz ont si langoureusement enduré par la violence de ce malheureux?

---

[10]   Proverbe courant.
[11]   Se permît.
[12]   Demanderais instamment.
[13]   Commis.

Tu es autant fol que meschant si tu esperes de recevoir la justice par corruption. Car si tous les juges estoient sans integrité sans foy sans religion sans respect du saint et sacré banc [14] de leur science, bref quant ilz seroient aussy meschans que toy si n'oseroient ilz destourner la rigoureuse punition que tu as meritée.

Par l'yssue de ce jugement vous debvez esperer que les gens de bien vous loueront extremement ou seront griefvement offencez.

Qui auroit jamais creu qu'un homme chargé et conveincu de toutes sortes de crimes eut pris 7^r / l'asseurance de se representer devant vous et lever les yeux contre la face d'une tant venerable et vertueuse compagnie?

En fin Dieu l'a conduit où il recevra la honteuse et dure punition de ses impudentes et cruelles forfaictures.

Puisque Dieu a tellement sillé les yeux de la subtile et cauteleuse [15] malice de ce malheureux qu'il s'est de luy mesmes enveloppé aux liens de justice, ne perdez si belle occasion de complaire à Dieu, satisfaire aux bons et rachepter les mauvais.

Il pense ce meschant par son asseurée impudence esteindre le vertueux désir que j'ay de veoir punir ses vices et par le moyen de sa richesse corrompre l'integrité de voz bonnes coustumes 7^v /.

Ne pensez pas que par opinion d'aucune [16] siennes innocences il se soit representé. [17] Mais les impietez qu'il a tant irreligieusement commises contre Dieu et les cruautez desquelles il a si violemment outragé les hommes sont le bandeau qui luy a couvert les yeux pour ne veoir son peril et les fouetz qui l'ont chassé aux prisons dont il ne peut sortir que en portant l'exemplaire punition de ses abhominables malefices.

Puisque ses moindres larrecins [18] sont concussions et assassinatz ses moindres eshontées paillardises ce sont forcemens de femmes chastes et pudicques vierges, 8^r / ses moindres sacrileges ce sont mespris de Dieu, atheismes et impietez contre la religion, ses moindres cruautez ce sont sanglans massacres et impiteux meurtres de personnes foibles et innocentes, n'est il pas raisonnable qu'il meure d'une choisie et nouvelle espece de suplice?

---

[14] La justice.
[15] Rusée.
[16] Sans *s* sur le ms.
[17] Ce mot est abrégé sur le ms.
[18] Vols.

Je ne croidz qu'il y ayt en ce conseil personne qui ose opiner pour l'absolution d'un criminel si coulpable si conveincu et si peu recognoissant ses fautes.

Voyez l'impudence desesperée. Il ose ce meschant estant aux fers et aux manottes non seulement imaginer mais prononcer en parolles claires et injurieuses 8[v] / les arrogantes menaces de vengeance.

Quant les vertueux merites de ses parens vous fleschiroient à quelque misericorde, quelle resipiscence [19] pouvez vous esperer d'un homme si meschant? A quelle fin luy pourroit on rendre la vye et le bien synon pour le remettre en liberté d'oster encore cy apres suyvant son meschant naturel et le bien et la vye d'autruy?

Vous acquerez en le relaschant l'infamie d'une tres mauvaise reputation envers le peuple et luy accroistrez la meschante volonté d'empirer les effectz 9[r] / de son audacieuse insolence par l'essay qu'il aura de pouvoir demeurer impuny.

Si par ses menées il partit les opinions des juges, si par argent il corrompt les tesmoins, s'il brise les prisons par quelque artifice, bref si comme que ce soit il eschappe, vous emeuvez une sedition contre vous toute ouverte. Quel honneur vous sera ce qu'il soit puny par une violente et dangereuse emotion du peuple et qu'un injuste moyen repare la faute que vous aurez faicte ne le condamnant comme il merite?

Si vous parangonnez [20] ses mesfaicts 9[v] / à ceux des criminelz condamnez cy devant, vous y recognoistrez tous les meurtres, ravissemens et larcins des plus sceleratz ne monter que la moindre partye de ceux que le meschant infame a perpetrez.

Pensez de sa vye ce que je n'en ose dire. Car j'ay plus de honte de prononcer les noms de ses vices qu'il n'a eu de creinte de les mettre en effect.

Je tairay de luy beaucoup de choses villaines à dire combien qu'il ne les ayt tenu [21] pour villaines à faire. N'ayant tant d'egard à ce qu'il merite que l'on die de luy qu'à ce qu'il est bien seant que je die de moy mesmes 10[r] /.

---

[19]   Reconnaissance.

[20]   Comparez.

[21]   «Les écrivains, les poètes surtout, en prennent à leur aise avec cette règle» (celle de l'accord du participe). Ferdinand Brunot, *Histoire de la langue française des origines* à 1900. Tome II: Le Seizième siècle (Paris, 1906), p. 470.

Ne le croyez pas plus homme de bien pour ce qu'il a receu des bienfaicts de moy. Car je l'ay quelquesfois chery pour me servir de sa malice contre mes ennemys, [22] mais non pas pour me fyer en luy comme d'un vertueux amy.

Prenez la mauvaise volonté que j'ay contre luy pour creinte et deffiance et non pas pour hayne. Car quel *acquest* [23] peut on treuver plus dangereux que celuy qui est caché soubz la feinte couverture de faire un bon office? Quelles embusches plus secretes que celles qui sont posées soubz le nom d'asseurée amityé? 10ᵛ /.

Il est impossible que la meschante nature de celuy qui a commiz tel crime se puisse corriger ny contenir de pis faire. Il faut que tousjours elle continue son audace et face ordinaire exercice de sa lasche infidelité.

Que voulez vous faire, quelle esperance de luy tient en suspens ce jugement de sa condamnation, que pouvez vous attendre d'une tant lasche infidelle et vereuse [24] personne?

Voyez s'il est bien despourveu de toutes les conditions d'humanité et s'il faict estat ou tient aucun conte de religion. La pitié ne peut donc amollir sa 11ʳ / cruauté ny la reverence des choses sacrées ses mauvais sacrileges et ravissemens.

Considerez si son peché le tient pas bien de court puisqu'il ne le peut excuser sans mensonge ny confesser sans punition.

Mais voyez l'artifice et comme il me doibt estre desplaisant. Il dict estre recherché par justice d'autant qu'il s'est eslongné de moy comme mal content. Car il se treuve une sorte d'hommes qui se surnomment mal contens pour ce que je ne les avance ou recognois comm'ilz pensent monter. [25] Cestuicy donc veut par le nom gracieux d'une simple disgrace 11ᵛ / deguiser la juste et criminelle accusation de sa meschante vye.

Qui debvra ou pourra jamais avoir fiance en luy? Le pere estoit son intime voire tant utile amy qu'encor luy en est il obligé. Et toutesfois il a ruiné les enfans. Jugez maintenant quelle souvenance il a des bienfaictz receuz de ceux qui sont mortz et quelle creinte il a de sa reputation entre les vivans.

---

[22] Curieux trait machiavélique.
[23] Profit; souligné dans le ms.
[24] Malhonnête.
[25] Analyse intéressante des mobiles du courtisan dissident.

Il pense donc pour s'estre rendu fugitif tromper vostre souvenance de luy et d'effacer de voz memoires vrayement les trop sensibles outrages dont il a offensé tant de personnes innocentes. Les ravissemens, larrecins et pilleries 12ʳ / dont il a appauvry tant de sortes de personnes vous retentiront assez souvent aux oreilles son nom infame et odieux.

Qu'est il besoin d'attendre nouvelles charges contre luy? Ce qui est en voz mains suffit il pas pour luy oster cent vyes? Le reste ne servira que d'estonnement comme la nature et l'homme peuvent inventer et faire tant de maux.

Attendez vous d'estre à plein informez de sa vye au cours de laquelle depuis que l'eage le rendit capable de mal faire, il n'a laissé couler un jour 12ᵛ / sans commettre un crime capital ny une heure sans deseigner une œuvre malheureuse?

Si vous attendez nouvelles pleintes, enfin vous amoncelerez un si vilain fardeau d'abhominations que descouvrant la nouveauté de crimes tant enormes vous publierez des choses que les oreilles et pensées des hommes ne doivent recevoir.

Eteignez tost avec sa vye la memoire de ses horribles impietez et suffoquez avec luy la cognoissance de ce qui ne se peut que avecques honte ny penser ny ouyr 13ʳ /. Il est si excellent en meschanceté que l'on ne le peut accuser de crime petit ou mediocre. Tout y est grand et incomparable comme de l'outrepasse [26] des vicieux.

S'il a esté si effronté de me donner tant d'impudentes mensonges et si larron que de prendre dans mes propres coffres et despouiller mon cabinet, quelle autre part penserez vous que sa langue n'ayt esté veritable et ses mains innocentes?

Si les effectz de sa malice ont esté insupportables alors qu'il avoit peu de moyens et point d'advancement, quel pourra 13ᵛ / il estre s'il se void haussé en grades et accompagné de moyens pour executer ses mauvaises volontez et empescher que l'on ne s'y oppose?

Si estant donné de tous moyens son arrogance est odieuse, comme pensez vous qu'elle sera insolente et outrageuse s'il se sent fortiffié par l'appuy de quelque avancement?

---

[26] Supériorité. Huguet ne cite qu'un exemple du substantif formé sur *outrepasser*: «Ceci a descouvert encore mieux l'outrepasse de la meschanceté de nostre siecle». Etienne, *Apol. pour Herodote*, 12.

Quant il fut arrivé au gouvernement duquel je l'avois honoré, il feit comme s'il eut eu commandement de saccager une terre ennemye et non de conserver mes subjectz en une province [27] obeissante. 14ʳ /.

La delivrance ou diminution de peine meritée se pourroit couvrir possible en quelque supportable pretexte. Mais quelle et combien dangereuse en seroit la consequence?

Vous ouvrez par ceste clef les prisons à tous les criminelz et laschez par ceste impunité la bride à la licence de tous les meschans de ce royaume.

On le peut bien surnommer boutique des loix [28] ou du droict non tant pour cause de son scavoir et grande praticque en la jurisprudence comme pour ce qu'il faict marchandise de vendre les causes qui passent par ses mains 14ᵛ /.

Voyez si la justice est à vendre chez luy. Il prent d'une main du demandeur et du deffendeur de l'autre et sa plus grande et equitable justice c'est qu'il rend cause gagnée à celuy qui a le plus donné.

S'est il treuvé par le passé aucune invention de mal faire qu'il n'ayt espreuvée par effect? Mais s'est il treuvé en ce temps esprit tant artificiel que le sien à controuver des nouveaux malefices?

Quelz doivent estre les crimes qu'il nye puisque ceux desquelz il confesse sont tant enormes? 15ʳ /.

Je ne declareray pas davantage les effectz de sa meschanceté pour ne souiller ma langue des ordures de sa villeine vye et faire à voz oreilles horreur d'ouyr ces vraiz mais non croyables crimes.

Sa vye est si meschante qu'il n'est possible d'y recognoistre une seule marque de pureté ou d'innocence, ses crimes si grandz que personne ne les pourroit excuser ny deffendre. Mais le comble de son infamye consiste en ce que non seulement il a tousjours pris plaisir à malfaire, mais encore se delecte en la malice commise et s'en vante 15ᵛ / et glorifie impudemment.

N'est ce pas extreme fureur et transport d'esprit hors de toute humaine raison que ceux cy ayent deffaict, ruiné, saccagé et pillé non seulement contre toute religion, piété et saincteté de conscience, mais encor soubz le nom de saine conscience faulsement emprunté par le

---

[27] Les mots *terre* et *ennemye* sont rayés.

[28] Ce mot désigne souvent un lieu où l'on travaille, un atelier (Huguet). Pontus fait exprès ici d'en marquer deux sens: *réceptacle* et *lieu où l'on vend*.

pretexte de religion feinte ez choses que de toute antiquité toutes
religions ont tenues pour sainctes sacrées et inviolables?

Il est doué d'une si violente malice qu'il traicte l'amy et l'ennemy
de mesme cruauté, prenant pour grande louange d'estre creint et
redoubté d'un 16^r / chacun. Mais ne scayt il pas que l'on creint
et redoubte non seulement les bestes fieres et courageuses mais les vene-
neuses et couardes aussy? 16^v.

[Suivent 4 feuillets blancs: 17-20.]

FACEONS DE PARLER
POUR EXCUSER OU DEFFENDRE

Il n'est pas raisonnable que vous coulpable d'infiniz forfaictz soyez ouy contre moy. Laissez venir ceux qui ne sont empeschez pour leur propre crime de parler contre le peché d'autruy.

Ne me pressez pour vostre honneur de dire les causes pour lesquelles je vous refuse affin qu'une si grande et honorable compagnye n'esclaircisse le soupceon auquel elle est ou a desja de vous.

Se void il homme plus ridicule et insupportable que celuy qui voulant dechiffrer ou esplucher [29] 21ʳ / la vye d'autruy n'oseroit rendre compte de la sienne?

Considerez s'il vous plaist combien la qualité et la condition de mes adversaires me rend le chemin pour arriver à ma deffence pierreux et difficile.

Mon adversaire est ingenieux et biendisant, je le confesse et vous prye de luy adjouster foy contre moy pour ce respect. Car si l'arrogance et l'envye sont odieuses et dangereuses elles sont extremement à creindre quant elles occupent un bon esprit et qu'elles poussent à parler une langue diserte 21ʳ /.

Avez vous pris garde qu'il a donné telle vehemence à son langage et tant d'artifice à son mesdire qu'il a rendu ce dont il m'accuse plus indigne à voz oreilles qu'il n'auroit esté dur à ceux mesmes contre lesquelz j'aurois commiz telle offence si elle estoit veritable.

Apprenez à ne mal parler de moy, autrement je vous feray cognoistre que vous n'avez grandeur que je doibve admirer ni pouvoir que je doive creindre.

---

[29]   Mettre à nu.

Que pouvoit il faire de plus louable pour sa reputation de plus equitable pour sa 22^r / legitime vengeance et de plus genereux ou valeuréux pour le rabbaiz d'une si orgueilleuse et outrageuse arrogance?

Ce que je vous escriptz n'est pas pour vous resveiller comme paresseux ny endormy, mais pour presser encore et esperonner vostre diligence.

Ne treuvez mauvais que je vous escripve de si longues lettres et si souvent. Car tout ainsi que lisant les vostres je reçoys un plaisir semblable à celuy que j'ay vous oyant discourir, aussy reçois je un tel contentement de vous escripre qu'il tient place du plaisir que j'ay parlant en personne avec vous 22^v /.

Puisque aucune charité envers leurs enfans et parens, aucun respect envers leurs villes et propre patrie, aucune pieté à l'endroit de la religion ne les a empeschez de commettre meurtres inhumains, se saisir des villes et les saccager tyranicquement, de bruler, piller et demolir par sacrilege et violence les saintz temples de Dieu et en somme de faire demonstration de parolles et d'effectz combien leurs volontez desesperées sont hors d'espoir d'estre reduictes par equité soubz mon obeissance, suis je point 23^r / excusable si j'employe les moyens de toutes forces industries et stratagemes pour purger mon royaume de ceste pernicieuse peste et dommageable faction?

Il s'est essayé de le gagner par tous moyens pour compagnon de sa meschante vye. L'ayant treuvé rebours et contraire, il s'efforce maintenant de le rendre odieux. Mais est il raisonnable que les mesmes moyens qu'il a employez pour le faire complice de ses vices n'ayent peu esbranler sa vertu, et qu'il puisse tant gagner sur voz opinions que d'innocent vous le jugiez coulpable 23^v /.

Adjouster foy au tesmoignage des meschans est hasarder et mettre en proye le bien et la vye des bons.

Je l'ay tousjours treuvé si prompt en ses offres, si veritable en ses parolles, si volontaire en son obeissance et si gracieux et agreable en tous ses services, qu'il faudroit en luy une grande extremité de crimes pour effacer le merite de tant de bonnes et louables partyes.

A il jamais eu ennemy auquel il ne se soit valeureusement opposé, a il jamais veincu personne qui ne l'ayt treuvé doux et pytoiable, a il jamais contracté amityé qu'il n'ayt cherement et fidellement conservé? 24^r /.

Il est nay avec tant d'humanité et doué de tant de doulces et gratieuses mœurs qu'il n'eut jamais faict cela si l'outrage qu'il avait receu n'eut esté si grand qu'il luy valloit mieux mourir que souffrir une telle tache sur son honneur.

Le blasme qu'il me donne procede de l'inimityé qui est entre nous. Mais pour ce que ceste inimityé n'est engendrée que de la contrarieté de noz moeurs, la cognoissance que vous avez de sa meschante vye vous doïbt estre assez bonne preuve de ma vertueuse innocence 24ᵛ /.

Sa pacience a esté recogneue si souvent et sa discretion tant respectueuse qu'il ne faut faire doubte qu'il doibt avoir esté poussé à la violence de laquelle il a usé ce coup par l'indignité de quelqu'offence insupportable ou grande et outrageuse injure.

Voyez la malice de ses ennemys, s'il a faict quelque acte vaillant ilz l'appellent temeraire, s'il a attendu ou reculé a propoz, ils le nomment couard. S'il a bien mesnagé son bien, ilz luy reprochent l'avarice. S'il s'est enrichy par quelque industrie, ilz l'accusent de larrecin 25ʳ /. Bref ilz desguisent par leurs parolles toutes ces vertuz d'un marque vicieux.

Sa modestie est telle qu'il est content de quicter la charge qui le rend envyé, et qu'il ne deigne je ne dictz pas louer ses bons deportemens, mais seulement s'excuser des malversations que l'on luy suppose. Luy sera donc sa bonté honteuse et dommageable? Non non j'embrasseray sa cause et m'acommoderay plus tost à son necessaire salut qu'à sa modeste volonté.

Donc celuy qui n'employa onc la langue pour mesdire 25ᵛ / sera blasmé sans raison. Celui qui n'offensa onc personne à son escient sera outragé de faict advisé?

Puisque l'affection de laquelle je l'ay aymé, chery et advancé n'est procedée que d'une bonne opinion que j'avois de son amityé et sincerité de foy, apres que j'ay descouvert son infidelité et l'erreur de mon choix, ay je pas meilleure raison de l'eslongner que je n'avois eu de l'approcher de moy?

Il est autant necessaire pour la conservation de mon innocence et integrité de reculer de moy les 26ʳ / mauvais que d'en approcher les bons.

La reprehension d'avoir esté peu clairvoyant en l'election que je fiz de luy m'est bien plus supportable que celle qui à bon droict me seroit faicte si le cognoissant autre que je n'avois pensé, je m'en servois encore pour tel que je l'avois choisi.

Puisque son importunité a faict ma liberalité prodigue je suis moins reprenable qui ay donné selon ma grandeur que luy qui a esté indiscrettement importun pour tirer de moy plus qu'il ne meritoit 26^v /.

Ne vous esmerveillez du refuz que je vous ay faict de telle charge, mais plus tost de ce que je ne puis persuader de l'accepter à celuy auquel je l'ay presentée pour l'asseurance que j'ay qu'il s'en scauroit bien acquitter.

Il vaut bien mieux pour conserver mon estat et ma reputation en leur entier que je prye les hommes capables d'accepter les charges d'importance que d'en donner pour faveur et recompense d'aultruy aux personnes indignes 27^r /.

Pour ce que la multitude des meschans excede le nombre des bons, il peut avoir beaucoup d'ennemys sans cause et quelques amyz avec raison.

Ce port hautain ne luy procede d'orgueuil ny de superbe arrogance mais d'une venerable gravité qui luy est naturellement née.

Prenez vous ceste sienne contenance faceonnée si humblement pour signal de cœur bas? Vous vous trompez. Car en cela est la louable demonstration d'une sienne naturelle gracieuseté et courtoise modestie.

Il luy est ennemy, je le 27^v / confesse. Mais si ne vouldroit il aux despens de son honneur luy faire offence et se venger par quelque cauteleuse main de ce dont il peut par la sienne propre et genereusement et bien tirer raison.

Je luy ay offert argent, je le confesse. Il l'a pris et ne le peut nyer. Mais qui a plus failly ou moy poursuyvant qui ay mieux aymé achepter mon droict que de le perdre, ou luy qui me l'a mieux aymé vendre que le me donner pour neant? Somme, je ne voulois pas perdre et il vouloit gagner.

Les bastimens et les 28^r / sumptueux ornemens que je ferois en mes maisons ne seroient à moy que autant que s'estendra le terme de ma vye en demeurant à mon successeur et le nom et l'usage. Mais les bienfaictz que je semeray en ceux que j'ayme seront à moy encore apres ma mort et en receuillira ma reputation, le surnom de bienfaicteur incomparable et de louable et memorable exemplaire à la posterité d'un Roy tres liberal et prince tres recognoissant. [30]

Il s'est vanté quelquefois par honneur d'avoir usé privement de ma familiarité et maintenant 28^v / cognoissant comme ses malicieuses mœurs me sont incompatibles, il mesdit de moy. Je laisse l'attestation de mon innocence à tant d'honnestes hommes qui m'ont mieux re-

---

[30]   Thème de la postérité, juge des princes.

cogneu que luy et confesseray que la plus grande tache que j'ay faicte jamais à ma reputation a esté l'usage de sa conversation et facilité de laquelle je me suis communicqué familierement à luy.

Je suis digne de blasme de l'avoir imprudemment nommé quelquesfois parmy tant de remarquables et illustres seigneurs qui m'honorent de leur amityé 29^r.

Mais la feinte dissimulation de ses vices et le farde [31] langage de ses mensonges auroit deceu un plus subtil et endormy un plus esveillé jugement que le mien. [32]

Il pense par la vehemence de son langage et emballement [33] de faulses injures contre moy estouffer ma reputation. Mais s'il vous plaist me prester l'autre oreille, je vous feray paroistre que ces mesdisantes parolles sont autant pleines de passion que vuides de verité.

Voyez vous pas de quelle ardente affection moy et tous les gens de bien desirons l'absolution de cestuicy et avec quelle 29^v / coulpable passion les meschans treinent la condamnation de sa partye?

Il ne me faut accuser d'inconstance si j'ay changé d'effectz et de parolles en son endroit. Car lors que j'emploiois ma parolle à le louer et ma liberalité à l'enrichir, c'estoit quant sans le bien cognoistre, je m'estois imprimé une bonne reputation de luy. Mais les contraires effectz desquelz je m'appercois maintenant procedent de la preuve trop asseurée que j'ay en son esprit feint et malicieux.

Voyez avec quelle iniquité leur licence de parler s'est desbordée 30^r / contre moy. Qu'ilz veulent à leur fantaisie disposer de mes moyens de bien faire. Y a il rien plus injuste que d'oster à un homme la liberté d'estre liberal du sien et de choisir à sa volonté des personnes qui luy soient agreables pour recevoir le fruict de sa liberalité?

Je descouvre le but de sa bien affectionnée et charitable remonstrance. [34] Car il ne treuve pas tant mauvais ce que je donne beaucoup comm'il s'ennuye et despite [35] que ce n'est pas à luy.

---

[31] Faux.

[32] Ne voit-on pas déjà s'esquisser ici, le thème du monarque, victime des flatteurs?

[33] Emportement. Ni Huguet ni Godefroy ne citent d'exemple de ce mot. Robert cite *emballement*, action de s'emballer, en parlant d'un cheval (XVIIe siècle). Le verbe est attesté depuis le XVe siècle.

[34] Avertissement.

[35] Enrage (?). Huguet ne cite pas d'exemple de *despiter* transitif.

Ne me demandez je vous prye la raison particuliere qui le me faict hayr. Car si encore je ne le pouvois dire il ne 30ᵛ / suffit que je ne doibz ny peux aymer celuy qui hayt chacun et auquel tout le monde veult du mal.

Pensez qu'il est bien seant à cestui cy de blasmer et accuser puisque luy mesme est veritablement coulpable des vices lesquelz il suppose faulsement à autruy.

Ne vous laissez je vous prye persuader à l'eloquent mesdire de cestuicy et ne pensez que sa facilité de bien dire procede de quelqu'amour de vertu ou hayne des vices qu'il suppose à son ennemy. Car au contraire il a le vice tout familier et en faict si continuel exercice que autre que luy ne le scauroit 31ʳ / si disertement exprimer.

Comme peut l'honneste homme aymer un impudent, le modeste, un arrogant? Bref comme peut l'homme de bien se comporter avec un qui est sans foy et sans honneur? Excusez, je vous prye, cette vehemence de laquelle je me passionne contre luy, car elle procede de la dissimilitude et contrarieté des mœurs de luy et de moy. Il vous a offencé? Je le croy. Mais aussi confesserez vous que autrefois il vous a fait plaisir. Duquel de ces deux effects doibt la memoire avoir plus de durée? Je ne vous veux representer 31ᵛ / la difficulté de la vengeance du tort. Mais seulement vous diray que la hayne doibt estre oubliée quant le temps l'efface ou que les prieres entreviennent comme elles font maintenant envers vous de ma part. Mais avec quelle excuse pouvez vous oublyer les bienfaictz et plaisirs receuz de luy? Quelle autre chose que l'ingratitude les peut effacer de votre souvenance?

Treuvez vous raisonnable d'oublier les bienfaictz desquelz vous jouissez encore et que la memoire du deplaisir passé demeure en vostre esprit? Rejoignez je vous prye voz amitiez ensemble. Car les moins vindicatifz du mal et les plus recognoissans du 32ʳ / bien sont tousjours les plus louables.

S'il est doué d'esprit grand, d'entendement eslevé et d'ame vertueuse, si l'autre est ignorant, pusilanime et vicieux peut on treuver estrange que j'aye faict choix de celui la pour quicter cestuicy ou pour advancer l'un, reculer l'autre?

Son inimityé est tant avantageuse à vostre honneur que tant s'en faut que vous ayez occasion de vous en pleindre: qu'au rebours vous devez pour l'illustration de vostre vertu non pas rechercher curieusement son amityé mais achepter son inimityé bien cherement 32ᵛ /.

Ceux qui me reprochent que je n'ay sceu constamment dissimuler mon ennuy en ceste affliction requierent en moy une sorte de prudence que je n'appreuve point. Car feindre mon offence en un si grand outrage se seroit tesmoignage d'un courage bas, vil et qui ne se sent point, comme le corps qui bruslant et ne se sent point de douleur doibt plustost estre estimé stupide que bien sain.

L'on doibt trop plus estimer sa naturelle modestie et naifve candeur par laquelle il extenue le scavoir qui reluit en ses doctes discours que vostre ignorante arrogance de laquelle vous 33ʳ / vous gloriffiez de scavoir tout ne sachant que bien peu.

Et croyez que s'il ne vous a rien communicqué de son entreprise ce n'a esté en desdain ou mepris de vostre authorité, mais veritablement par une creinte qu'il a et par la reverence qu'il porte à vostre dignité.

Tenez pour asseuré que je ne l'ay faict ny abusé par mauvais adviz ny poussé de despit ny transporté de colere, mais sur une discrette resolution et telle que requiert la raison plus meurement et prudemment discourue.

Non non que on ne pense point que je me tienne irreconciliable 33ᵛ / contre eux pour ma particuliere offence. Si Dieu, si la religion, si les loix civiles, si la tranquillité de ce royaume, si l'infiny nombre des personnes publicques et privées tant outrageusement violées peuvent pardonner les dommages receuz, je seray incontinent satisfait. Car je ne me ressens que des violences commises contre Dieu, contre la religion, police et tranquillité de mes subjetz mesurant mon incontentement [36] ou deplaisir à l'aulne de leur bien et leur mal.

Vous ne cognoistrez point que par sa negligence aucune partye de sa charge ayt 34ʳ / esté mesprisée ou par sa coulpe [37] aulcun crime commiz ou soustenu.

Comme ne me serois je laissé persuader à son langage tant discret, à son discours remply de tant belles sentences et à sa faceon de parler tant doucement coulante qu'il pourroit attirer les plus prudens en erreur, voire esbransler la plus opiniastre resolution de sa place.

Que vouliez vous que je feisse? Estoit il pas meilleur de faire place à son indomptable fureur et dissimuler avec pacience l'outrage de sa colere offencée 34ᵛ / pour apres trouver la commodité de le

---

[36] Mécontentement. Huguet ne cite pas d'exemple de ce mot.
[37] Faute.

remettre soubz l'obeissance de la raison que de hazarder de tout perdre en faisant chocquer violence contre violence et force contre force?

Je ne scaurois et m'en excusez. Car mon humeur et la sienne ne peuvent se comporter ensemble. Mais voudriez vous que je receusse en familiere accointance [38] ce rebut de toutes vertueuses compagnies et cest homme tant desesperement vicieux qu'il ne peut empirer?

Croyez le reffuz que je vous ay faict n'estre signe ny effect de faute d'amityé, mais cognoissant 35ʳ / que vous octroyant vostre requeste vous recevriez plus de mal que de bien, j'ay mieux aymé avoir egard à vostre utilité que de complaire à vostre volonté.

Si je semble presser davantage le debvoir de mes subjectz que n'ont faict quelques uns de mes predecesseurs aussy sont sans comparaison plus grandes les affaires qui surviennent journellement à l'Estat de ceste couronne et m'asseure que personne bien clairvoyante et affection- née à la verité ne jugera que le faix des charges que je donne soit si grand que le pois des affaires que je supporte 35ᵛ /.

Le bienfaict qu'il a receu de vous luy est avenu ou par prest ou par don. Si c'est par prest ne le nommez plus bienfaict, mais simple obli- gation qui se peut acquiter en payant. Mais si c'est par don le terme de la recognoissance n'en est jamais escheu et se peut tousjours esperer. Tellement que sa seule bonne volonté vous prive de tout droit de re- proche ou contreinte.

Donner à une personne indigne se doibt nommer perdre imprudem- ment. Voulez vous donc me faire accorder à cestui cy une chose qu'il ne merite affin que ma vertueuse liberalité fut changée 36ʳ / en vice et que je perde ceste occasion de faire bien à qui je la doibz pour sa valeur? [39]

Qu'ame ne s'enquiere ou s'esmerveille des occasions qui me meuvent à l'aymer et favoriser. Car qui scayt mieux que moy ce que je doyz et que l'on m'a presté? A qui touche il de plus pres d'ouyr les comptes de ceux qui ont receu du mien et employé le leur pour mon service?

La promesse que je luy feiz soubz un faux pretexte de sa valeur ne me peut contreindre. Car quant j'ay bien mesuré la difference de l'inconvenient de rompre ma promesse ou d'imprudemment donner si grande chose 36ᵛ / à personne tant indigne, je treuve qu'il m'est trop

---

[38] Relation.

[39] Ces deux paragraphes résument les distinctions faites par Sénèque, *Des Bienfaits* I, i-vii.

meilleur de m'excuser justement pour une fois de ce que je ne luy donne ce que j'avois inconsiderement promiz, que d'estre tous les jours en peine de me deffendre du blasme que je recevrois avec raison d'avoir tant indignement et imprudemment employé le bienfaict.

Ne prenez de mauvaise part la faute qu'il a faict de ne s'offrir pour voz affaires. Excusez son negligent et tardif naturel. Car au moindre advertissement qu'il aura de vostre volonté vous le treuverez autant prest que celuy qui s'offre d'une plus prompte et 37^r / gaillarde faceon. Si sa parolle semble endormye sa bien affectionnée volonté est assez esveillée.

Je me faictz excusablement hardy pour vous dire cecy sachant combien que presentement vous ayez desplaisir de l'ouyr si est ce que par cy apres vous ne voudriez pour rien qu'il ne vous eut esté dict ou que vous n'en eussiez esté adverty 37^v /.

[Suivent 4 feuillets blancs: 38-41.]

FACEONS DE PARLER EN CONSOLANT

J'ai differé jusques à cest'heure de vous consoler par mes lettres attendant que la grande violence de vostre deuil fut affoyblie et rendue capable de recevoir quelque remede, sachant que la medecine donnée mal à propoz est plus dommageable que proffictable au malade.

Cognoissant vostre deuil estre extreme comm'est la cause de laquelle il procede, je desesperois de vous pouvoir consoler si je ne me confiois plus en vostre bon et raisonnable jugement que en la promptitude et dexterité de mon entendement.

Je ne scay quelle parolles vous 42^r / pourrez entendre de moy qui atteint de pareil deuil au vostre ay aussi besoin de mesme consolation.

Si je ne puis estancher ce coup toutes les larmes de vostre deuil ou de vostre trop desolée tristesse, mon intention, mon dessein au moins est de les vous essuyer par des miennes.

Quelque grande que puisse estre vostre melancolie, si m'asseure je que vous ne me reffuserez de donner en vostre esprit telle place à la raison que je vous en requiers, puisque vous m'avez si souvent et instamment pryé de croire que j'ay entiere et absolue puissance sur vous 42^v /.

Voyez si j'ay grande asseurance en l'amityé que vous m'avez jurée puisque je me prometz d'avoir plus de puissance sur vous que le trop excessif ennuy qui vous tourmente.

Où se peut-il presenter un meilleur argument de consolation? Ce mal ou ceste perte vous est avenue alors que vous avez tant de parens et d'amys, qu'à peine vous scauriez vous tourner en part où [40] vous ne voyez quelque personne bien affectionnée sur laquelle vous pouvez seurement vous appuyer pour delaisser vostre ennuy.

---

[40] Quelque part où.

Et bien je confesse que cest accident ne vous a petitement offencé mais blessé profondement 43^r /.

Aussy ne faictes vous ce coup vostre premier essay d'entrer en combat avec la fortune, les coupz de laquelle vous doibvent avoir accoustumé et endurcy pour souffrir constamment ses attaintes.

Pour empescher que l'ennuy ne vous accompagne trop opiniastrement, voiagez ou cherchez les lieux delectables ou visitez les plaisantes compagnies ou vous exercez aux affaires de vostre maison, affin que les occupations succedantes l'une à l'autre ne laissent ouvrir aucune porte à vostre deuil.

Les occupations que vous prendrez en voyageant, recherchant les lieux plaisans, maniant vos affaires 43^v / domesticques, vous adonnant à telz autres exercices pourront bien pour quelque temps empescher vostre deuil. Mais non par y apporter le remede desiré duquel la seule raison avec le consentement que vous debvez à la volonté de Dieu vous fourniront abondamment.

Bref si vous desirez de ne point flatter ou tromper vostre deuil mais le finir à bon escient et y mettre une fin bien louable, recourez à la volonté de Dieu et vous exercez en l'occupation de toutes choses saintes et vertueuses. Là trouverez vous la vraye guarison de vostre playe et parfaicte consolation de voz ennuyz 44^r /.

Vous pouvez vous raisonnablement pleindre de la fortune qui selon sa coustume (ou comm'on diroit) son naturel vous ayant faict sentir un mauvais effect de sa legereté, vous a toutefois laissé un si grand nombre de parens et d'amys qu'il vous reste encore infinye occasion de secours et de plaisir.

Si l'amityé que je vous porte n'a la puissance assez grande sur vostre deuil pour l'esteindre ou du moins le diminuer ou amollir, j'auray trop de juste occasion de croire que vous n'en faictes grand estat.

Croyez je vous prye que je desire vous donner telle preuve de mon amityé que si je ne puis 44^v / empescher que vous ne souffriez du regret, je feray toutefois que vous ne sentirez point la perte.

Ne faictes je vous prye comme la pluspart de ceux qui affligez de quelque importante tristesse cherchent par la solitude une pleine liberté de se douloir et fuyent tout ce qu'ilz ont jamais de plus aymé, au contraire descouvrez vous familierement à moy soit en continuation de pleintes ou en resolution de les finir. Car vous me treuverez prest à vous estre compagnon en voz ennuyz: ou que je desire [41] infiniment curieux consolateur de vostre inutille tristesse 45^r /.

Vous semble point la pleinte estre inutile contre le destin et la necessité? N'est ce pas se pleindre à tort quant nous ne sommes affligez d'autre mal que de celuy qui est avenu à tous ceux du temps passé, qui avient à ceux du temps present et qui aviendra à ceux du temps futur estans ainsi tous compagnons d'un mesme evenement?

Quant à moy j'ay opinon que nature nous a ainsi tous renduz subjectz à la mort affin que l'equalité de ce cruel et necessaire destin servist à tous de consolation.

Pourquoy je vous prye continuez vous vostre tristesse si longuement puisque elle ne peut servir 45^v / ny à la personne que vous avez perdue ny encore à vous mesmes?

Au reste croyez que si la tristesse me sembloit vous apporter quelque profict, je serois tout prest d'espancher en larmes tout ce que j'ay au monde pour vostre consolation.

Puisque le destin inexorable et qui ne se peut fleschir n'espargne personne mesme s'est osté la puissance de vous rendre vostre perte, espargnez je vous prie les larmes et pleintes inutiles affin que vous puissiez veincre par constante pacience le malheur qui vous pense accabler.

Car si nous voulions nous contrister inconsolablement à toute occasion qui se presenteroit les larmes 46^r / nous defaudroient plustost que la cause de pleurer et chassant un deuil avec l'autre distillerions continuellement nostre vye en pleurs et en tristesses.

Ce ne vous doibt estre petite occasion pour cesser vostre deuil que la personne pour qui vous le faictes ne l'a pour agreable. Car ou elle n'en scayt rien ou elle ne se plaict en voz ennuys.

Tous ceux qui vous cognoissent ont l'euil sur vous et considerent quelle est vostre force et magnanimité pour soustenir les fortunes adverses. Ne leur faictes donc paroistre par voz pleintes desmesurées que vous scavez fort delicatement jouyr de la bonne fortune mais non pas 46^v / recevoir constamment et virilement celle qui est contraire.

Toutes choses vulgaires et basses sont mal seantes au rang que vous tenez. Mais qui a il de plus vulgaire bas ou effeminé que se laisser ainsi gagner voire decevoir et consommer au deuil sans se deffendre?

---

[41] Le verbe *être* semble manquer.

Si vous pensez bien au devoir que vous me devez voz larmes seront tost essuyées, et ne perdez ainsy vainement le temps ny voz discours qui doivent estre employez au maniement des affaires que je vous ay miz en main pour mon service.

Je vous estime tant mien et 47ʳ / suis tant vostre que j'auray juste occasion de jalousie si quelque perte que ce soit vous afflige pendant que cognoistrez envers vous qui je suis.

Celuy qui vous conseilleroit en ceste occasion de ne vous ressentir ou douloir[42] aucunement me sembleroit estre accompagné de plus severe et rude que magnanime prudence. Aussi ne vous veux je pas arracher le deuil du cœur ny repoulser severement les larmes dedans les yeux. Seulement vous prye je qu'il ne vous advienne pensée ou eschappe parolle en ce deuil qui offence vostre pieté ou monstre que vostre raison soit plus vaincue que combattue et que les larmes 47ʳ / et souspirs soient si moderez et finissent si tost qu'ilz servent de soulagement à vostre cœur et non de tesmoignage ou contenance de personne qui ayt perdu l'esprit.

Vous estimez trop peu les amys qui vous restent si un seul perdu a tiré à soy tout vostre soucy et toutes voz pensées. Monstrez maintenant la force et bonté de vostre cœur et faictes preuve qu'il peut estre par la fortune blessé et non veincu. Si je n'estois asseuré que vostre esprit est bien nettement guery des infirmitez ausquelles l'on tient vostre sexe estre subject,[43] je n'entreprendrois d'empescher vostre deuil auquel souvent les hommes 48ʳ / plus prudens et magnanimes se laissent bien gagner.

L'on dict communement et avec verité que le temps est vray medecin des ennuyz.[44] Serez vous donc seul malade de tristesse, sa sœur aisnée, que ny le temps ny le conseil de voz amyz vous puissent consoler et estancher vos larmes?

Donnez vous garde que flattant ainsi vostre deuil par la consideration de la juste occasion qui vous y a conduit, il ne prenne si grande nourriture en vostre cœur que les dolentes pensées ne se transforment en vous pour joye et volupté agreable.[45]

---

[42] S'affliger, se plaindre.
[43] Première indication qu'il s'agit d'une femme.
[44] Sénèque: XLIII: «Finem dolendi etiam qui consilio non feceret, tempore invenit».
[45] S'agit-il de la délectation morose?

C'est un miserable et deplorable estat quant la tristesse se 48ᵛ / faict si cruelle et felonne contre l'esprit qui l'a logée en soy, qu'elle s'en faict maistresse, ne laissant place à aulcune gracieuse pensée.

Vostre constance et vertu desja apreuvée [46] par tant d'experiences et la grandeur de vostre courage assez cogneue m'ont donné asseurance que vous ne refuserez de recevoir la consolation pour laquelle je veux applicquer remede à vostre esprit.

N'est ce pas chose indigne de la gentille generosité de vostre esprit d'embrasser ainsy continuellement la dolente passion qui ne vous donne qu'ennuy, en la place d'une si chere personne qui vous 49ʳ / apportoit tant de contentement?

Ne prenez exemple à ceux qui de faict advisé oppiniastrement souffrent que leur tristesse devore leur raison. Mais taschez d'ensuyvre ceux qui depossedans le deuil, quelque juste qu'il soit, de la puissance qu'il s'est acquiz sur eux, font rentrer la raison en la place ordinaire de leur entendement. [47]

Vous vous estes jusques à maintenant comporté si prudemment que on treuve bien peu d'occasion de vous reprendre. Esclarcissez donc à ceste heure voz yeux obscurciz par les pleurs pour voir et vous garder de faire ou dire chose de laquelle vous vous repentirez cy apres.

L'amityé que je vous porte me 49ᵛ / permet de vous dire librement que si vous souffrez que le deuil continue de vous affliger tant inconsolablement, le reffuz que vous ferez de recevoir plaisir de la felicité de voz amyz vous rendra tout contentement odieux et vous aussy comme personne morte odieuse à tous ceux qui voudront vivre avec quelque contentement. Somme, la vye s'ennuyant de vous comme vous d'elle, vous serez du nombre des miserables qui ne veulent vivre et ne peuvent mourir.

Je suis content en confessant que l'occasion de vostre deuil est grande de vous complaire. Mais aussy il faut que vous cognoissiez avec moy 50ʳ / qu'il y a trop grande difference entre un deuil grand et un perpetuel. Car cestui là nous admoneste de l'instabilité de nostre bonne fortune, mais cestui cy nous conveinc de fragilité plus que humaine et de faute de raison et bon jugement.

Ne vous faictes si difficile et mal traittable à voz amyz qu'il apparaisse que vous avez à desdein la consolation qu'ilz vous donnent. Ne

---

[46] Eprouvée. Huguet ne cite pas d'exemple de cette orthographe.

[47] Voir Sénèque, *Consolation à Marcie*, XII-XVI, où le philosophe donne de nombreux exemples de ceux qui «depossèdent le deuil».

prenez point opinion que la consolation puisse rafreschir la playe que vous a faict le deuil ny accroistre le mal que vous sentez par la perte que vous deplorez si tristement.

La tristesse que les animaux sans 50^v / raison souffrent par la perte des choses qu'ilz ayment est estrangement violente, mais de bien courte et petite durée. Car quant ilz cognoissent leur curieuse diligence inutile pour le recouvrement de ce qu'ilz ont perdu, ilz se despouillent de leur tristesse et reviennent à leurs actions ordinaires. Voulez vous donc souffrir que vostre raison soit moins raisonnable que leur inclination naturelle? [48]

N'aurez vous point en fin d'esgard à l'inutilité de voz tristes pleintes?

Il n'est possible d'empescher le premier et soubdain desir de la chose nouvellement perdue. Mais il est bien au pouvoir de vostre 51^r / raison de ne flatter si long temps vostre ennuy et d'en mesurer la durée selon l'utilité de la pleinte et non pas selon l'oppiniastreté de la passion.

Considerez, je vous prye, si veu la longue continuation de vostre tristesse chacun n'a pas apparence de croire que vous commandiez au deuil de vous accompagner lors que vous debvriez chercher les raisons pour le chasser.

Le coup attendu, dict on, est à demy couvert et la prevoyance de ce qui doibt ou peut avenir amortit beaucoup le mal survenant. Mais aviez vous pas asseurance qu'il estoit perissable? Vous estiez vous promis qu'il fut immortel? Non, je le scay. Pourquoy donc 51^v / regrettiez vous ce que vous scaviez devoir estre perdu? [49]

Je ne voydz que sa mort vous doibve si longtemps contrister, car si vous pleignez vostre perte c'est en vain puisqu'elle n'est recouvrable et si vous pleignez celle de celuy qui est mort quelle offence luy faites vous de le juger avoir si mal vescu en ceste vye que celle de laquelle il jouyt maintenant ne luy soit plus heureuse?

Pleignez vous sa mort pour ce que vous n'avez encore receu que bien peu de plaisir de luy? Vrayment ceste seule raison vous en doibt rendre la privation plus supportable. [50] Mais si vous le pleignez pour

---

[48] Pontus résume et paraphrase Sénèque: Ouvr. cité, VII: «Aspice mutorum animalium quam concitate sint desideria, et tamen quam brevia», etc.

[49] Cf. Sénèque, endr. cité, IX: «Necesse est itaque magis corruamus, quia ex inopinato ferimus; quæ multo ante prævisa sunt, languidis incurrunt». Cf. aussi *Lettres à Lucilius*, LXXVI. Cette pensée se retrouve souvent chez Sénèque.

[50] Sénèque, ouvr. cité, XII, «si nullas te percepisse dixeris, tolerabilius efficies detrimentum tuum», etc.

52^r / les grandz contentemens que vous en receviez, vous debvriez plutost remercier le plaisir receu et vous consoler en sa memoire que de vous consommer en ceste vaine pleinte desirant de recouvrer ce dont l'esperance est autant morte que le mort mesme.

J'estimerois malheureusement consoler vostre affliction par le denombrement des autres affligez desquelz le nombre est infiny. Car je vous cognois remply de trop gracieuse bonté pour recevoir par le mal d'autruy quelque soulagement agreable à voz ennuyz. [51]

Je croidz que la fortune sinistre est plus contre nous quant le despit nous faict impatiemment 52^v / porter les effectz de sa volonté et que au contraire la pacience nous remet en sa grace.

Aviez vous oublyé ce beau mot que la vye est une continuelle guerre? [52] Scavez vous pas que si quelquefois nous sommes sans affliction ce n'est qu'une courte trefve avec la fortune et non pas paix entiere?

Il est fort mal seant à un cœur genereux et tout accoustumé de s'exercer aux grandes et perilleuses affaires de s'amollir et laisser veincre à la tristesse quelque occasion qui s'en puisse presenter.

Souffrez constamment vostre douleur. Car si elle est petite 53^r / la pacience en est facile ou aysée. Et si elle est grande la gloire en est d'autant plus remarquable.

Nous servons tous de butte à la mort et à la fortune et pour ceste raison ne devons trouver estrange qu'elles deschochent contre nous mais endurer leurs coupz avec constante pacience 53^v /.

[Suivent 4 feuillets blancs: 54-57.]

---

[51] Sénèque, ouvr. cité, XII, «Non, mehercule, tam male de moribus tuis sentio, ut putem posse te levius pati casum tuum, si tibi ingentum numerum lugentium produxero...» Sénèque fait pourtant suivre cette remarque de plusieurs cas de malheureux.

[52] «Vivere, mi Lucili, militare est». Sénèque, XCVI. Mais le dicton était très commun.

FACEONS DE PARLER EN REMERCYANT

Puisque vostre bonne volonté a esté tant inclinée à mon service, je m'essaieray pour plus agreable remerciement de faire paroistre la memoire que j'en auray toute ma vye proffitable à vous et aux vostres.

Il serait bien malseant que je fusse lent et tardif à vous remercyer et recognoistre puisque vous avez esté si prompt et affectionné pour me bien faire.

Puisque les bienfaictz que j'ay receuz de vous sentent je ne scay quoi de plus qu'humain, il me semble que mes remerciemens vous doibvent recognoistre avec une obligation autrement conditionnée 58ʳ / que ne sont celles que les hommes sont coustumiers de se debvoir l'un à l'autre.

Si je ne vous remercye autant comme je doibz, la grandeur de voz bienfaictz en est la cause et non la mescognoissance ou faute de bonne volonté.

Si je dependois en la recognoissance des obligations que je vous ay le reste de l'eage duquel Dieu prolongera ma vye, je treuverois encore le temps trop court non seulement pour vous remercyer, mais aussy pour dire la grandeur de voz bons offices et de ma redevance à vostre tant affectionnée amityé.

Quelle abondance de gratieux remercyemens, quelle continuelle 58ᵛ / memoire, quel desir de m'employer pour vous se pourra egaler aux bons effectz desquelz je me tiens vostre obligé?

Puisque je vous suis tant obligé que je ne me puis acquitter par effect, à quoy pourroit servir un simple remerciement de parolles?

Ne treuvez mauvais que je ne vous en remercye par beaucoup de parolles. Car nostre amityé estreinte avec si grande familiarité doibt avoir effacé d'entre nous l'usage de tout langage cerimonieux.

Je ne vous en remercye plus. Car puisque le moyen me defaut de vous recognoistre par quelque bon office ou bienfaict comme 59ʳ / y pourroit suffire un remerciement de simples parolles?

Je n'oublieray jamais le bon office ou service que j'ay receu de vostre affectionnée amityé, quant par vostre courageuse responce vous m'avez couvert contre les flesches ennemyes que leurs malicieuses paroles descochoient sur ma reputation.

Puisque pour m'acquiter envers vous le bien de ma fortune n'est assez suffisant, il vous plaira de tenir ma foy ou ma bonne volonté pour gage et croire que me confessant de bon cœur vostre redevable je suis lavé nettement de la tache d'ingratitude 59ᵛ /.

Je ne me puis garder de vous remercier affectionnement dont toutefois j'ay honte pour ce que l'estroitte et familiere amityé de laquelle il vous a pleu m'honorer ne me semble avoir besoin de tel langage.

Voz honnestes remerciemens m'obligent à remercyer moy mesmes. Car prenant de mon naturel un grand et incroyable plaisir de faire plaisir, et toutefois n'essayant jamais d'en faire mention de peur que cela sentit un reproche couvert, ne doibz je pas vous remercyer de ce que par vostre remerciement vous estes cause qu'il m'est permiz de me ressouvenir sans 60ʳ / reproche de ce bienfait qui par ce moyen m'a delecté deux fois?

Je ne prens point plaisir de m'acquitter des grandes obligations que je vous doibz à si petit prix que de remerciemens par simple parolle, aymant trop mieux en personne vous tesmoigner par la continuation de mes services comme je desire vous recognoistre ou la bonne souvenance que j'en ay.

Ne pensez que j'attende de vous aucune recognoisance pour le bienfaict qu'avez receu de moy. Car celuy qui donne avec espoir d'en tirer recompense n'est pas 60ᵛ / liberal mais usurier prestant à interest. [53]

Combien que je ne doubte de vostre bienveillance ou que je vous cognoisse bien nettement guery du mal d'ingratitude si me est tres agreable le remerciement que vous m'avez faict.

Ne couchez point en ligne de compte redevable les bienfaitz que je vous ay faitz car ilz ne servent que de marque ou de tesmoins de ma bonne volonté, de laquelle je vous veuz lier avec moy de semblable affection.

Je ne tiens pas pour bienfaict la gracieuseté que j'ay receue 61ʳ / de vous estimant la promptitude et allegre volonté à faire plaisir beaucoup plus que l'abondance.

---

[53] Sénèque, *Des Bienfaits*, I, ii, «Nunquam illa vir bonus cogitat nisi admonitus a reddente: alioqui in forman crediti transeunt. Turpus feneratio est beneficium expensum ferre».

Combien que je ne m'attendisse pas de recevoir de vous tant d'honnestes et gracieux remerciemens de ce que j'ay fait pour vous, si ne veux je dissimuler que ce m'a esté chose fort agreable, pour ce que j'ay recogneu par ce moyen que vous m'aymez et faictes estat de moy ou que me portez amityé et faictes estat de la mienne.

Je mesure la continuation de vostre bonne volonté et non pas la valeur de ce que m'avez envoyé.[54] Aussy vous prye je de croire que 61ᵛ / je ne suis de ceux qui n'estendent la souvenance d'un bienfaict receu que la longueur de la durée de la chose donnée.

La gracieuseté que j'ay receue de vous est imprimée en tant agreable partye de ma memoire que j'auray en tres gracieuse et delectable souvenance non seulement le plaisir receu mais encore plus la personne de laquelle il est procedé.

Croyez que je vous scay bon gré du plaisir que vous m'avez faict autant que je puis desirer que l'on m'en sache quant j'auray eu la commodité de bien faire à quelc'un.

Puisque vous m'avez faict ce plaisir si à propoz qu'il semble que vostre affection ayt deviné l'envye que 62ʳ / j'en avois, tenez pour certain que ceste obligation que je vous en doibz demeurera continuellement en ma souvenance.

Le plaisir que j'ay receu de vous me semble proceder de si franche volonté par la promptitude de l'execution, l'alegresse peinte en vostre face ouverte par voz amiables et gracieuses parolles que je m'en sens de beaucoup plus vostre redevable.

Je m'asseure que vous le respecterez tant en consideration de la bonne amityé et volonté que je luy porte, que je doibz desja plustost vous remercyer du plaisir qu'il recevra de vous, que m'employer par longues parolles à le vous recommander davantage 62ᵛ /.

Je ne scay si je vous doibz remercyer ceste faveur, veu le danger auquel j'ay esté precipité par son moyen. Toutefois il est plus raisonnable que je vous remercye la bonne affection de laquelle par volonté deliberée vous y avez procedé que de vous accuser du mal auquel vous m'avez soubmiz insciemment.

Je croidz bien que je n'auray jamais moyen de m'acquitter envers vous, mais au moins confesseray je partout la grandeur de l'obligation avec l'impuissance de l'acquitement.

---

[54] Même idée chez Sénèque, I, vii, «... nonumquam enim magis nos obligat, qui dedit parva magnifice...».

Si je ne puis estre autant recognoissant envers vous que vous liberal en mon endroit, ce ne sera par la difference de noz bonnes volontez mais par l'inegalité de noz puissances 63^r /.

Le temps ne m'effacera jamais la souvenance du bien que j'ay receu de vous et ne m'excuseray jamais sur l'oubly qui me rendoit mescognoissant atteint du vilain peché d'ingratitude.

Dieu me veuille plustost effacer la memoire de moy mesme que celle des obligations que je vous doibz. Car si le nom d'ingrat est justement donné à ceux qui desguisent ou dissimulent, nyent ou ne recognoissent un bien receu, celui qui l'oublye du tout me semble plus raisonnablement coulpable et conveincu d'ingratitude inexcusable. [55]

Si la fortune, le temps, le moyen et la puissance de recognoistre ce bien receu me defaillent, du moins la continuelle souvenance que j'en auray vous portera tesmoignage 63^v / de ma bien affectionnée et non ingratte volonté. [56]

Si je ne puis estre suffisamment recognoissant de tant d'obligations que je doibz à vostre liberalité, la fortune seule en est coulpable et non pas ma bonne volonté qui n'attend que le moyen de satisfaire à son debvoir.

Si le subtil et ingenieux artisan n'est estimé grossier, quant par faute d'instrumens, il ne peut effectuer sa dexterité, je pense aussy ne meriter le surnom d'ingrat si le defaut de moyens empesche que je n'accomplisse l'extreme desir que j'ay de faire preuve de ma tres recognoissante volonté en vostre endroit.

Si l'on mesure la grandeur des 64^r / bienfaictz je confesse que vostre gracieuseté m'a veincu. Mais si l'on compare la bonn'affection et l'integrité d'amityé, je vous prye de ne croire que j'en doibve jamais par raison ceder à personne aymée.

En puissance et nombre d'offices d'amityé je confesse que vous me surmontez, mais en bonté de cœur et bienaffectionnée volonté je me maintiens egal aux plus parfaitz et recognoissans amyz.

Si comme la fortune vous preste le moyen de me bien faire ma recognoissante volonté le recoit aussy de cœur bienaffectionné. Je ne puis estre dict taché d'ingratitude. Car autant que la fortune vous advance, le bon vouloir m'accompagne 64^v /.

---

[55] Cf. Sénèque, *Des Bienfaits*: «Ingratus est, qui beneficium accepisse se negat quod acceptit; ingratus est, qui dissimulat; ingratus est, qui non reddit; ingratissimus omnium, qui oblitus est», III, i.

[56] Endr. cité «... qui meminit sine impendio gratus est».

Je sçay bien que je ne vous suis pas egal en moyens, mais je le suis en volonté de bien faire.

Si la main gauche ne doibt point de remerciement à la droicte quant elle luy a donné quelque chose, que sert le grand mercy que vous me faictes veu que je pense que vous m'estes un entier moy mesme comme je suis un vous mesmes asseuré.

Puisque cela s'appelle seulement bienfaict qui est faict à aultruy et que l'on ne doibt remercyer qu'autruy et non soy mesme, que sert entre vous et moy qui ne sommes qu'un la commemoration des bienfaictz, bons offices et remerciemens?

N'usez point envers moy de telles et si gracieuses parolles 65^r /. Car je ferois autant de faulte de recevoir voz grand remerciemens non deubz à si peu de plaisir que je vous ay faict, que vous de ne me scavoir bon gré de beaucoup si vous les aviez receuz de moy.

Ne pensez pas que je confesse vous debvoir par tant d'obligations pour m'acquerir reputation qu'on me face du bien car j'ay trop plus d'egard au debvoir de ma conscience qu'à l'acquisition de la renommée ou embellissement de ma reputation 65^v /.

[Suivent 4 feuillets blancs: 66-69.]

PHRASES POUR RECOMMANDER

.

Si la cognoissance que vous avez de son admirable scavoir, de sa vertueuse vye et de ses bonnes et gracieuses moeurs le vous ont jamais rendu recommandable, je vous prye que l'injuste affliction qu'il souffre, et l'insupportable tort qu'on luy faict serve en ceste sienne cause d'une plus favorisée sollicitation.

Quant encor je ne cognoistrois combien il est utile pour le service de moy et de ceste province, quant je ne serois sollicité de m'employer pour luy d'un grand nombre voire de tous les honnestes hommes de ceste court, quant ses rares vertuz et autres louables conditions ne me le feroient cherir et respecter, la seule mauvaise reputation de 70^r / sa partye adverse m'asseure son bon droict et me contreint de vous declarer que je ne puis ouyr rien de plus agreable que le gain de sa cause.

Si vous ne pouvez oublier le desplaisir qu'avez receu de luy, n'effacez pas pourtant sa souvenance de tant d'agreables services qu'il vous a faict par le passé.

Il n'est pas raisonnable que la punition d'une nouvelle offence soit si griefve qu'elle esteigne la recognoissance deue à tous les bienfaitz precedens.

Si par indiscretion il a offensé son debvoir et diminué quelque chose de sa reputation envers vous, faudra il aussy que vostre bonté s'en empire et que vostre naturelle humanité 70^v / s'eslongne autant de vostre esprit que la prudence s'est reculée de son entendement.

Son infortune ou possible, son imprudence le vous pourra rendre moins agreable et changer le reng qu'il tenoit pres de voz bonnes graces. Mais croyez seurement que pour cela sa fidelité et le service qu'il vous avoit juré ne changeront jamais.

Je le cognois tant estimable et lui donne tant de mon amityé que je le vous recommande autant que je puis et comme il le merite et vous prye aussy de faire autant pour luy que vous pourrez et qu'il demandera.

Si vous entrez en essay de sa valeur vous le treuverez non moins remply de merites recommandables 71ʳ / que vous de moyens pour le favoriser.

Vous le cognoistrez enrichy de tant de rares accomplissemens que s'il me donne subject pour beaucoup le louer l'espreuve vous fournira largement d'en croire davantage.

Croyez qu'en ceste affectionnée recommandation que je vous faiz de luy avec si vehemente attestation de la malice de sa partye adverse, j'ay l'euil plus ouvert aux louables merites de mon amy qu'aux punissables de celuy que je n'ayme point.

Je faictz ce que je doibz tenant la main à ce que la vertu des bons ne soit outragée par la violence des meschans. Faictes donc aussy par le jugement exemplaire de la punition des meschans que les bons puissent estre en asseurement de l'exercice de la vertu 71ᵛ /.

Je ne suis si prodigue de ma faveur que je voulusse vous recommander sa cause si je ne tenois son innocence pour asseurée. Car celuy qui soustient un meschant, hazarde la reputation de sa vertu en grand danger de perte.

Recevez le agreablement en ceste charge et vous asseurez que par la prudence, bon jugement et preudhommie il restablira en peu de temps les belles et saintes choses que l'imprudence et malice de son predecesseur a laissé decheoir en si miserable ruyne.

Quelle faceon peut estre celle d'un studieux amateur de solitude parmy les tumultueuses compagnies d'un palais, d'un ordinaire voire continuel suppliant et devotieux [57] en une eglise parmy les captieuses et litigieuses contestations d'un parquet et d'un 72ʳ / continuellement ententif [58] aux sermons et interpretations de l'escripture Sainte entre les audiances des procez, querelles, et discours prophanes? Renvoyez le donc maintenant avec bonne et briefve justice et que sa simplicité à poursuivre ne luy soit imputée pour doubteuze ou mauvaise cause.

Si par faute de le cognoistre vous ignorez le merite de sa valeur, si pour avoir presté legere croyance à un mesdisant, vous avez quelque

---

[57] Dévot.
[58] Attentif.

mauvaise opinion de luy, souffrez que le bon tesmoignage que je vous faiz de son innocence et mon authorité, de laquelle je ne suis coustumier d'abuser en faveur des meschans, vous ouvre la vraye cognoissance de sa preudhommie et vous efface le mauvais caractere que le malicieux mesdire 72ᵛ / vous peut avoir imprimé contre luy.

Adjousterez vous plus de foy au bon tesmoignage que je porte de sa vye honorable et n'aurez vous pas plus de respect à ce qu'il s'est si prudemment et utilement employé pour mes affaires que aux malicieuses parolles de ses ennemys passionnez qui en leur transportée colere ne meritent d'estre creuz, et pour leur infidelité sont indignes d'aucun tiltre d'honneur aupres de moy.

Croyez que je porterois fort impatiemment qu'il souffrit quelque offence ou receut dommage en lieu où ma puissance ne se pourroit estendre et donc me pourroit il estre supportable que l'on luy feit tort aux terres de mon obeissance? 73ʳ /.

Recognoissez, je vous prye, que ses actions procedent d'un conseil de prudence bienadvisée et non d'un souhait de colere passionnée.

Et croyez qu'il sera aussy prudent administrateur des affaires publicques qu'il s'est toujours monstré discret conservateur des siens propres.

Je vous prye que ne souffriez que celuy qui eut acquiz honorable gloire par sa vertu soit opprimé et offensé par la vicieuse envye de ses ennemyz.

Si vous sentez avoir quelque obligée affection de me complaire je desire que celuy lequel je vous recommande comme mien tres cher et tres agreable en sente les effetz de vos faveurs.

Je ne crains point que la hayne des bons mais plustost que l'envye des meschans luy soit dommageable 73ᵛ /. Car il sçait que autant que les vertuz se rendent respectables aux vertueux, l'innocence est calomniée par l'immense jalousie des vicieux.

Si vous estes affectionné à la deffence et conservation des bons, et si vous desirez la punition des mauvais, je le tiens pour absouz.

Vous sembleroient estre recevables contre luy les envieux de sa recompense qui toutefois n'oseroient entrer avec luy en comparaison de merites vertueux? Seroit il raisonnable que ceux qui n'ont osé se preuver [59] aux hazards de semblable service osassent pretendre à mesme honneur?

---

[59] Lecture peu certaine.

Si la facheuse brigue de ses ennemyz opprime son bon droit, qui est ce qui s'osera jamais appuyer sur la vertu? Qui est ce qui fera plus estat de l'honneur? qui est ce qui se travaillera doresnavant 74ʳ / de bien faire pour s'acquerir l'amityé des bons, puisque tout cela ne peut empescher les dommageables effectz de la mauvaise volonté des meschans?

Sçavez vous qui me faict si affectionné à le vous rendre recommandable? C'est la cognoissance que j'ay du grand avancement que ses services ont apporté au bien de mes affaires et des dommageables incommoditez qu'il a receu pour s'i estre si affectionnement employé.

J'auray trop de juste regret si celuy auquel j'ay fait tant d'honneur et non indignement, si celuy qui par sa vertu s'est acquiz tant de louanges et si celuy auquel la fortune (si c'est quelque chose entre les hommes) a donné si remarquable avancement de gloire, souffre quelque injuste oppression par la violence et importune sollicitation de ses ennemyz et malveillans 74ᵛ /.

Il est doué et je vous en donne ferme asseurance sur ma parolle de plusieurs conditions tres recommandables. Mais le comble et accomplissement de ses vertuz git en ce qu'il s'est bien et prudemment gardé de la contagieuse familiarité de cestuicy qui le blasme, et a constamment refusé toute importune semonce d'estre son compagnon en tant de corruptions et pernicieux desseins desquelz il est coulpable.

Si vous avez desir de luy faire du bien ne laissez longuement treiner ceste volonté sans effect, affin que son espoir ne se laisse desesperer. Car il y a des hommes de tel naturel qu'ilz ayment mieux esperance rompue que tirée en longueur.

Avez vous la volonté de m'en gratiffier, hastez en donc l'execution, car tant plus vous m'en allongerez l'attente tant moins m'en sera agreable la jouyssance 75ʳ / [60].

Refusez luy, je vous prye, ou luy donnez soubdain, autrement son desir ennuyé de trop attendre luy fera desdeigner enfin le bien qu'il vous requiert.

Si vous dilayez plus long temps de luy faire du bien, ce qu'en fin il recevra de vous semblera proceder plustost de force ou importunité que de liberalle volonté.

---

[60] «... major est numeris gratia, qui minus diu pependit». Sénèque, ouvr. cité, II, v. Pontus reprendra jusqu'à la fin de ce chapitre, les arguments du traité de Sénèque.

Croyez que la longue attente de recevoir oste autant de grace à un bienfaict comme la promptitude de donner luy accroist de merite et obligation.

Je vous prye de ne point user davantage contre luy du pouvoir qui est en vous de luy nuyre. Car si vous estes plus tardif à luy pardonner, la douceur de laquelle enfin vous le recevrez semblera ne proceder pas de naifve clemence mais plustost de ce que vous serez laz ou repentant de mal faire 75^v /.

S'il vous plait vous employer pour moy ne mesurez pas le bienfait à mon merite mais à vostre pouvoir.

L'obligation du bien que vous luy ferez sera de si grande consequence qu'en le recevant sa conscience demeurera chargée, d'autant que n'ayant puissance de vous dignement recognoistre, il vivra sans s'acquiter et se sentira ingrat ou du moins redevable encore apres sa mort.

Quant ores vous ne le cognoistriez doué de tant de perfections qu'il seroit besoin pour meriter le grade qu'il desire, si est ce que la memoire des vertuz de ses predecesseurs est si sainte et honorable que apres leur mort, il est tres raisonnable que la bonne odeur en dure encore et que ceux qui leur attouchent de pres comme fait cestuicy en soient beaucoup respectez et plus recommandables 76^r /.

Puisque ses predecesseurs ont faict tant de grandz services aux miens que le fruit s'en estend aujourd'huy apres leur mort jusques à la tres utile commodité de mes affaires et s'en estendra encore long temps par cy apres, n'est il pas raisonnable que la recognoissance s'estende pareillement en si longue durée que ceux qui descendent d'eux s'en ressentent et en goustent quelque bien et faveur? 76^v /.

[Suivent 4 feuillets blancs: 77-80.]

FACEONS DE PARLER POUR PRESENTER ET OFFRIR

Et pour ne m'estendre en plus longues parolles, je m'emploieray entierement pour vous et vostre advancement, honneur et conservation, vous offrant mes meilleurs offres, mes plus soigneuses affections voire mes plus curieuses et secrettes pensées.

Quant j'ay veu par voz lettres que vous me recommandiez vostre conservation, j'ay pensé que vous me recommandiez la mienne propre laquelle je ne tiens plus chere que la vostre, chose que vous me ferez fort grand plaisir de croire avec espreuve.

Croyez que j'auray tousjours plaisir de bien parler de vous ou du moins de me treuver au lieu où j'en oye bien dire.

Ne croyez que je puisse deslier ma langue pour me mocquer ou mesdire de vous ny que je veuille prester l'oreille à 81ᴿ / ceux qui en vouldroient mal parler.

Combien que je vous cognoisse avoir beaucoup d'amyz, si pense je meriter que vous me teniez au premier reng de tous.

Je ne vous puis offrir davantage. Croyez donc que je vous seray tousjours pere en bienfaitz et frere en amityé. Il n'est besoin que personne s'employe pour vous en mon endroit, car je veux que vous soyez obligé à ma seule bonne volonté gagnée par vostre valeur et par la fidelité que j'ay cogneue en vostre affectionnée et obeissante amityé. Si la malice de la fortune vous a diminué le bien de la richesse je tiens bien cher le moyen que j'ay de vous reparer de deffaut, m'asseurant qu'aiant recouvert la perte passée des choses subjectes au changement, vous ne 81ᵛ / perdrez jamais ceste vostre constante vertu, laquelle du reste de voz pertes vous estoit tousjours demeurée bien entiere.

J'ay si grand soin de vostre conservation qu'en quelque lieu où je sois, vostre absence ne pourra empescher que vostre honneur, vostre reputation et la gracieuse odeur de voz vertueux accomplissements n'y soient [61] et receuz tres agreablement. Puisque je recognois que Dieu vous a faict naystre pour m'aymer et estre aymé de moy, je veux qu'avec l'union de noz affections, noz vies, nostre fortune et la memoire de nous à la posterité soient jointes ensemble et unies inseparablement.

Si l'audace de vostre ennemy se peut veincre par magnanimité, sa folle fureur par prudente valeur, sa temerité par discretion, et sa 82ʳ / violence par force: croyez que je vous aideray de courage, de dexterité, de conseil, de puissance et de tous mes autres moyens pour le vous contreindre de venir à raison.

Je vous assisteray si continuellement et affectionnement que vous me cognoistrez pour plus fidel compagnon de vostre affliction que pour diligent ou pitoyable consolateur.

Recevez agreablement maintenant l'effect de ceste mienne bonne volonté en vostre endroit et croyez que le delay passé n'est procedé que par la force et injure du temps qui a bien peu retarder mais non faire perdre le fruict de l'affectionnée amityé que je vous porte.

Je vous feray tousjours paroistre et par parolles et par effect combien vostre conservation et avancement m'est cher et desirable 82ᵛ /.

Croyez que non seulement je adjousteray de l'avancement à vostre fortune, mais aussi de l'accroissement d'honneur à l'ornement du grade que vous tenez.

Puisque j'ay cogneu mon contentement vous servir de plus gracieuse allegresse et mon ennuy vous contrister si douloureusement, croyez aussy que mon repoz vous servira de tranquillité et que le restablissement de mes affaires sera le moyen de vostre advancement affin que si mon mal vous ennuye, mon bien vous puisse profiter.

Si avant qu'avoir eu certaine cognoissance de vous, j'ay pris plasir de vous faire du bien, quel, pensez vous, qu'en soit mon desir maintenant que vous m'avez fait si bonne preuve de vostre affection 83ʳ / et que j'ay tant de manifeste tesmoignage de vostre grande valeur?

Tenez pour asseuré que j'aucthorizeray de ma faveur vos desseins. J'annonceray voz entreprises de mon nom et aideray de mes forces à l'execution.

---

[61]   *Soient* est suivi d'un blanc sur le manuscrit.

Puisque vous m'avez voulu complaire d'une si prompte allegresse je vous veux certainement asseurer que je ne seray jamais lent à m'employer pour vostre advancement.

Je vous cognois tant eslongné d'importunité, tant respectueux à ne presser ma bonne volonté et tant creintif d'abuser de ma liberalité que je jugeray tousjours vostre seule vertu devoir suffire à me solliciter en vostre absence d'estre soigneusement souvenant de vous faire du bien 83ʳ /.

Croyez que vous ne pouvez jamais estre si hardy à me demander quelque chose que moy prompt à le vous octroyer et que vostre desir ne souhaittera jamais rien plus affectionnement de moy que ma bonne volonté sera encline tres agreablement à le satisfaire et contenter.

Je suis bien marry [62] que vostre requeste a devancé l'execution de la volonté que j'avois de vous en faire present, vous asseurant que j'ay pris plus de plaisir à le donner que vous à le recevoir.

J'ay justement à me pleindre de vous qui avez tenu si long temps couvert le desir que vous aviez à m'employer. Donc prenez dorenavant de moy comme d'aultruy mais comme de vous mesmes 84ʳ /. Vous me ferez tousjours un fort agreable plaisir d'espreuver quelle est ma bonne volonté en vostre endroit.

Je tiens vostre priere si chere que en vous l'accordant je me cognois plus estre vostre obligé de ce que m'avez voulu employer que vous le mien de ce que je vous ay accordé.

Je vous le donne sans retour ny attente de recompense d'autre don. Car donner chose pour chose c'est vendre comme rendre chose pour chose, c'est achepter. Mais je desire par ce moyen que ma bonne volonté puisse acquerir vostre affectionnée amityé.

Ne pensez que je m'offre à vous d'une si gracieuse volonté soubz l'esperance d'en avoir du proffit. Car celuy qui donne franchement 84ᵛ / sans espoir de recognoissance se faict semblable à Dieu et celuy qui faict liberalité soubz attente d'en estre recompensé ressemble aux usuriers. [63]

Je suis coustumier de prendre plus garde à celuy auquel je faiz du bien qu'à la chose que je donne, croyant que l'election [64] est autant necessaire à bien faire qu'à se garder du mal. [65] Pensez donc que le

---

[62] Fâché.

[63] «Nunc est virtus dare beneficia non utique reditura...» «Turpis feneratis est beneficium expensum ferre». Sénèque, ouvr. cité, I, i et ii.

[64] Choix.

[65] Idée encore prise à Sénèque, ouvr. cité, I, xiv.

delay que j'ay pris d'accorder vostre priere vous est une avantageuse asseurance de la bonne opinion que j'ay resolue de vous et de pouvoir impetrer [66] ce que par cy apres vous desirez de moy.

N'entrez en opinion que les bienfaitz lesquelz vous avez receu de moy vous facent sembler importun 85^r /, si vous en demandez davantage. Car je ne puis voir rien plus agreablement que ceux qui sont le subject de ma liberalité, vertu que j'ay entre les autres naturellement en plus grande et desirable estime.

Puisque vous me donnez telle asseurance du desir que vous avez de vous rejoindre à mon amityé, je vous feray sentir par cy apres que je n'ay pas moins de moyen de bien faire à ceux que j'ayme que de nuyre à ceux que j'estime mes ennemyz.

S'il plaict à Dieu me conserver longue vye je m'efforceray par infiniz et continuelz bons offres de veincre ou esgaler les effetz de vostre gracieuse amityé 85^v /.

[Suivent 5 feuillets blancs: 86-90.]

---

[66]   Chercher à obtenir.

PLEINTES

Je sens bien comm'il est malaisé ou difficile de treuver parolles suffisantes pour exprimer un grand deuil.

Puisque la pieté, la prudence et puis en somme que toutes les vertuz n'empeschent la cruauté de la fortune, quel repoz doibz je esperer? Ne m'est il pas à creindre que les mesmes raisons qui me devroient consoler sont aussi perissables?

Il a tousjours esté contraire à la conservation de mon estat et de la paix et tranquilité du peuple, et ne puis oublyer ma juste pleinte contre luy, qui autant de fois qu'il a veu la playe de cest affligé royaume preste à se consolider, a pris plaisir d'y mettre l'ongle et la renouveller trop douloureusement 91^r /. Voyez ma peine et si j'ay à me pleindre. Je suis importuné de faire cecy par la continuelle sollicitation des bons et empesché de n'y rien entreprendre par l'outrageuse menace des meschans.

Je ne sçay de qui je me doibz garder plus soigneusement ou de la violence de mes ennemyz descouvertz ou de la tromperie de mes feintz et dissimulez amyz.

Ma pleinte est juste mais elle est tardive et si souffre justement ce desplaisir n'ayant eu le jugement clairvoyant à cognoistre que je choisissois une personne indigne de recevoir les effetz de ma liberalle volonté.

Je n'ay regret en ce que j'ay donné, je me pleins seulement de l'ingratitude de celuy auquel j'ay esté liberal 91^v /. Mais dictes moy, je vous prye, qui est plus à reprendre ou celuy qui reproche un bien qu'il a faict ou celuy qui mescognoit un bien qu'il a receu?

Voyez si j'ay juste occasion de pleinte contre mes plus prochains, je n'ose dire quelz: qui establissent tel fondement de leur repoz sur ma mort que le plus innocent l'entend, le plus modeste le souhaitte, et celuy qui a le plus d'apparence de pieté en dissimule sa secrette pensée 92^r /.

[Le 92^v est blanc.]

POUR CONGRATULER

Je me resjouyz de vostre bonne fortune sur ceste asseurance que puisque vous avez eu la dexterité d'entrer en ses bonnes graces vous aurez aussy la constance ferme pour vous y maintenir.

Je me glorifie du choix que j'ay faict de vous qui sçavez si valeureusement et prudemment conduire voz actions que elles apportent et secours victorieux à la guerre et à la paix tres glorieux et honorable ornement.

Je prins plaisir à vous avancer esperant recueillir de vostre recognoissance le fruit qu'aurois semé par ma liberalité et je suis infiniment satisfait de ce que vostre fidelle amityé (ou affection) efface en moy toute l'occasion de repentir et en vous le soupceon d'ingratitude.

Ainsy que j'ay esté compagnon de 93ʳ / vostre ennuy au temps de voz afflictions passées, croyez que maintenant aussy je me sens touché avec vous d'un tres agreable contentement voyant comme vostre oppression precedente tournée en allegresse sert de feuille au lustre de vostre gloire, laquelle voz malveillans ont tasché d'obscurcir vainement.

Je reçoys un merveilleux contentement apprenant la peine que vous prenez à vous enrichir l'esprit lequel naturellement vous avez tant enclin à la vertu. Aussy conçois je une tres belle et heureuse esperance de vous sachant que la cognoissance de tant de bonnes choses desquelles vous vous embellissez pourroient reduire en bien louable perfection l'entendement d'une persone vitieuse et depravée.

Croyez que à vostre retour j'ay receu 93ᵛ / un plaisir malaisé d'exprimer tant pour ce que nostre estroitte amityé accouple mes affections inseparablement avec les vostres que pour ce que en vostre absence le desir m'a fait gouster plus savoureusement le contentement qu'apporte la presence de vostre agreable compagnie. [67]

---

[67] Thème de l'absence, cher aux Précieux.

Je me resjouyz avec vous de l'heureuse yssue de voz affaires. Mais je ne puis assez louer vostre vertueuse discretion plus ententive à recognoistre et remercyer la bonne affection de voz amyz qu'à chercher les moyens de prendre vengeance de la mauvaise volonté de voz ennemys.

Ce ne vous doibt estre petite consolation d'avoir beaucoup de compagnons de vostre affliction precedente. Mais ce vous doibt bien estre un contentement plus grand que tel 94ʳ / nombre d'ennemyz s'esjouissent de vostre prosperité et que vous soyez spectateur de l'honneur qu'on faict à vostre honneur et auditeur des louanges de voz louanges.

Puisqu'il est venu à cest avancement par mal faire et que vous estes reculé par vostre vertu, debvez vous pas vous resjouyr avec voz amiz de ce que ce sien honneur le deshonore et vostre rebut vous est tres honorable?

Tant s'en faut que je vous pleigne du desplaisir que vous recevez par ceux qui sont jaloux de vostre vertueux honneur, que je me resjouys de ce que le nombre de voz envyeux egale celuy de voz bienveillans, affin que vous continuez tousjours de si bien faire qu'accroissiez aux envieux l'occasion d'avoir regret et à voz bienveillans 94v / la cause de se resjouyr de vostre bien et prosperité.

Je ne vous ay depeint les vertuz comme pour les vous presenter et solliciter de les exercer, mais bien affin que vous vous resjouissiez de ce que vous en estes tant heureusement doué 95ʳ /.

[Suivent 3 1/2 feuillets blancs: 95ᵛ-98.]

FACEONS DE PARLER POUR CONSEILLER

N'entreprenez point legerement ou temerairement une chose, et quant vous en avez resolu l'entreprise ne soyez lent ou negligent à l'execution. Car le premier point vous conveinc de faute de jugement, le second de faute de cœur, et tous deux ensemble vous marqueroient de la vileine notte d'imprudence.

Comportez vous si vertueusement en vostre charge que ceux desquelz la tranquillité depend de voz comportemens et actions, vous respectent et reverent comm'un divin exemplaire d'equité envoyé du ciel pour miracle entre les hommes de ce temps et pour vray refuge ou soulagement des habitans de la province 99^r /.

Donnez ordre que personne n'abuse de vos audiences et que voz oreilles soient tant respectées que nul n'ose les employer qu'à ouyr chose vraye ou proffitable et non pas mensonge ou flatterie.

Puis qu'il est trop plus aisé de surmonter les meschans que de s'egaller aux bons et qu'il n'est tant necessaire de venger une injure que de recompenser un bienfait, il me semble vous estre bien mieux seant de rendre les obligations que vous avez à voz officieux amyz que non pas la vengeance meritée à ceux qui vous ont offensé.

Ne vous monstrez legerement ny sans bien fort grande apparence soupceonneux de quelque vice en 99^r / autruy. Car d'autant que chacun est vertueux d'autant luy est il difficile de croire que les aultres soient meschans.

Ne signez jamais par faveur ou pour autre cause que ce soit que bien avisément affin que vous ne soyez conveincu par vostre propre main d'avoir signé la sentence de vostre iniquité.

Accompagnez vous de vos gardes de telle faceon qu'elles semblent plustost vous servir d'honneur et demonstration de vostre grandeur que de force pour offenser autruy ny vous deffendre.

Faictes paroistre à tous ceux de vostre gouvernement que vous tenez aussy chere leur conservation que la vostre propre.

Soyez tant ennemy de la corruption que ceux qui auront donné ayent 100^r / autant de peur que ceux qui auront pris pour la cognoissance qu'ilz auront que vous les chatierez tous en punition d'egalle rigueur.

Si vous empeschez que ceux qui sont en quelque charge aupres de vous ne soient meschans, vous empescherez aussy que personne ne vous osera solliciter de l'estre.

Il ne suffit que vous soyez doué d'une esmerveillable doctrine, d'un langage disert et agreable, d'un esprit prompt et esveillé et d'un port et faceon venerable, accompagné d'une naturelle majesté, mais il faut davantage que tous ces rares ornemens et admirables accomplissemens soient conjointz avec les vertueux effectz d'une bonne et saint volonté 100^v /.

Si vous employez et honorez de voz commandemens les gens de bien et si vous recullez de vous les meschans, vous acroistrez la vertu des bons et ferez changer aux mauvais leur malice.

Ne vous fiez pas en ceux qui tiennent ou ont tenu le party que vous scavez et si l'on vous remonstre qu'il s'en pourra recognoistre entr'eux quelc'un qui ne vous trompera, je confesse que vous le pouvez esperer, mais l'essay en est dangereux ou vous ne debvez entrer en danger de l'esperance.

Puisque la colere est la seule tache qui peut souiller la candeur de voz perfections, essayez, je vous prye, de la veincre et l'assubjectir à la raison. Car cest humeur [68] est insupportable 101^r / en une personne privée comme vray tesmoignage d'esprit leger et entendement mal rassiz, y a il rien si mal seant à un personnage ayant entre les mains telle et si grande charge que vous, que l'impacience, l'aigreur et violence de la colere? [69]

Je crains fort que vous ayez trop tost prins si grande confidence de luy veu la mauvaise reputation en laquelle il estoit il n'y a pas long temps, car c'est chose malaisée qu'un homme meschant devienne si tost bon et quant encore il seroit devenu tel la cognoissance n'en peut estre si soubdainement acquise.

---

[68] *Humeur* est souvent masculine au XVIe siècle.
[69] Bien que nous n'ayons trouvé, dans le traité *De la Colère* de Sénèque, aucune source précise de ce paragraphe, il reflète fidèlement les sentiments du philosophe romain.

Prenez garde à ne commettre point de faute tant petite soit elle, croyant qu'elle ne peut estre que tres grande en vous, et toutefois pardonnez à vostre prochain toute offence 101ᵛ / quelque grande qu'elle puisse estre, comme si elle estoit petite.

Donnez ordre de vous comporter si prudemment en vostre charge que non seulement vous en soyez estimé digne, mais encore que chacun juge que vous en meritez une plus grande.

Ne soyez si curieux de vous amonceler honneur sur honneur que vous n'aiez tousjours un tres diligent soin de conserver entier celuy que vous avez desja acquis.

Si vous m'avez diligemment et vaillament servy à le conquerir, servez moy encore plus fidellement à le conserver.

Ne pensez pas que les hommes de ce temps soient les souverains juges de vostre reputation, car la posterité en donnera la derniere sentence.

Je ne veux pas tirer la bride 102ʳ / à vostre liberalité, mais je desire qu'elle n'estende sa carriere outre les limites de la raison et que vostre faceon de donner soit telle que de plusieurs qui vous en sont obligez, chacun pense estre preferé aux autres de quelque gracieuse faveur et qu'il croye que vous lui avez faict du bien par choix et non par hazard de fortune.

Vous pourrez, à mon adviz, estre miz au rang des plus accompliz hommes de ce temps si vous scavez porter modestement voz bonnes fortunes et constamment celles qui vous seront contraires, croyant que les unes et les autres sont subjectes au changement.

Ceste maladie vous offre l'occasion d'experimenter la magnanimité de vostre cœur, car ce n'est en la guerre 102ᵛ / seulement ny au mestier des armes que l'homme porte le tesmoignage de sa vertu, mais fortune et la maladye luy donnent assez d'argument pour preuver sa pacience et sa magnanimité. [70]

Si vous voulez user envers luy d'une liberalité bien accomplye ne souffrez qu'il la recoive par le moyen ou priere d'autruy. Car ce qu'il debvra à ceux qu'il aura employez pour vous prier diminuera autant du principal auquel vostre franche liberalité le pourroit obliger.

Voulez vous chercher un amy durable, cherchez le entre les vertueux ou entre les studieux, entre les honnestes hommes pleins de pieté

---

[70] Encore un sentiment Sénéquien, que Montaigne (II, xxxiii), discute longuement.

et non entre ceux qui sont favorisez de la fortune, car ainsi que la fortune est muable aussy sont ceux qui ne font estat que de ses faveurs. Mais les vertuz 103ʳ / constantes et non muables rendent les hommes de semblable condition.

Ayez sur toutes les choses esgard envers qui vous employerez vostre liberalité et de qui vous recevrez des bienfaitz ou des services. Car si vous faictes du bien à un ingrat et mecognoissant, vostre bienfaict est perdu, et si vous ne recognoissez le service que vous avez receu vous estes ingrat vous mesmes et mescognoissant. [71]

Gardez vous bien d'abuser de l'authorité que je vous ay donnée ny de mal faire soubz asseurance de l'impunité. Car comment que ce soit vous ne pouvez eviter la hayne publicque qui est un grief et dangereux supplice.

N'adjoustez trop de foy à la bonne fortune quelque bon visage qu'elle vous monstre et mettez les faveurs que vous recevrez d'elle en lieu 103ᵛ / si peu joignant à vous qu'elle les puisse reprendre sans vous faire violence quant il luy plaira et qu'il soit dict qu'elle ne les vous a arrachez mais repris seulement.

Souvenez vous que l'ambition et l'avarice sont les contagieuses et pestiferes compagnes de toute grande puissance et eslevée authorité.

Si vous ne vous laissez tromper à la bonne fortune la mauvaise n'aura jamais moyen de vous mal faire.

Voulez vous scavoir comme vous pourrez vous asseurer d'une tres louable et tres longue jouyssance des biens que vous avez? Soyez en liberal aux hommes vertueux qui d'autant que la vertu les rend recommandables les possederont paisiblement et sans qu'ilz en soient enuyez ny vous blasmé. Et pour ce que jamais ilz n'en seront ingratz, les choses données et ceux qui les auront receues seront tousjours à vostre commandement.

Pourquoy le recherchez vous, ne voyez vous pas comme il est duict et ingenieux à mal faire et à mesdire. Scavez vous pas que personne ne l'a jamais accosté qu'il n'en ayt remporté ou dommage ou infamye ou tous les deux ensemble?

---

[71] Cf. Sénèque, *Des Bienfaits*, II, xviii, sur le choix du bienfaiteur et du créancier.

Vous avez tousjours aymé si cherement vostre reputation que maintenant vous debvez bien creindre de faire chose dont il vous faille
demander 104ᵛ / pardon à la renommée, laquelle vous scavez estre
un tres severe et dangereux juge des grandz. [72]

[Suivent 105ᵛ-106ʳ blancs.]

---

[72] Cf. Montaigne, I, iii, «Entre les loix qui regardent les Trepassez,
celle cy me semble autant solide, qui oblige les actions des princes à estre
examinées apres leur mort».
Ici se termine le manuscrit des *Modèles de Phrases*.

LETTRES D'AMOUR

Mais moy [73] qui en ay non seulement la figure mais le vif tourment au cœur vous rappelle qu'il n'y a point de si grant plaisir en l'amour vertueux que le discours. [74] Je ne suis point insensible, ce qui me donne de la joye me plait et ce qui me fasche m'est desagreable, le jour que je ne tiendray point pour jour sera celuy auquel la lumiere de mon affection ne vous luyra pas. Jugez donc combien j'estime la clarté plus que les tenebres et ne m'accusez point sans m'ouyr. Je meurs [tant?] cruellement qu'il faudra que ce jour se passe aussy miserable pour moy que [   ]. Je suis plus digne de pitié que de colere s'il se pouvoit adjouster quelque chose aux [   ] que je vous ay faites de la verité de mon amityé, je rechercherois des parolles [   ] usage pour vous asseurer. Vous avez le cœur, les sermons et les effetz de vous [   ] je suis bien miserable, je n'ay plus que vous donner, ma vye ne sera plus [que?] l'ausmonne que vous luy ferez de vos bonnes graces à celle qui tant que son ame sera [   ] siecle n'estimera rien à l'egal de vous, mon mignon.

2. Pardonnez-moy, chere maistresse, je ne me peux persuader que je vous aye appellée cruelle, je vous suplye de garder la lettre [75] pour me conveincre. Je croy que vous prenez l'opinion de l'estre et que m'en faisant sentir les effetz, il vous semble que je vous appelle par le nom plus propre, mais, mon cœur, ceste cruauté m'est douce à

---

[73] Ici commence le secrétaire d'amour. La première page a été déchirée au bord, et il est donc impossible de lire en entier les premières lettres. Le commencement de la première, qui n'est pas numérotée, paraît manquer.

[74] Cette phrase aurait pu être prononcée par un habitué de la Chambre bleue!

[75] Leçon peu certaine.

suporter puisque je l'ayme. J'appelle liberté d'estre retenu aux liens
de vostre amour, j'appelle le repos de mon ame une inquietude d'esprit
pour nourrir ma constante amityé de l'image de vostre belle face. Si
l'avare veut estre appelé parsimonieux, le cruel severe et vices sont
couvertz des noms de la vertu, la prodigalité est deguisée de nom de
liberalité. Je veux appeller ce que vous nommez cruauté, douce rigueur,
en cela [elle] constitue les delices de l'amour. Ce n'est mon intention,
chere amye, de vous offenser et vous le scavez, je ne suis si furieux
de m'outrager moy mesmes puisque je ne viz qu'en vous. Je suis en
vous et m'inspirez des rayons de vostre belle ame, je n'auray jamais
la volonté de troubler la source de mon bien. Je croidz que vous en
estes certaine, mais ma fidelité vous faict prendre plaisir à l'esprouver.
J'avois assez d'ennuy de me voir priver de vostre presence deux jours
sans adjouster à ma misere, que si c'est un plaisir je veux que ce soit
mon contentement et en faire gloire. Les plus hautz arbres sont agitez
de pluz grandz ventz et les plus furieuses tempestes battent les testes
des plus eslevez rochers. [76] Mais j'ay tort d'employer en papier ce
qu'il faut laisser au discours. Adieu, toute belle.

3.   S'il vous plaict et que ne soyez incommodé de venir icy sur le
midy ou peu apres, vous treuverez une ame aussy extravagante que
vous en vistes jamais. Je suis toute desespérée qu'il y a huict jours que je
ne vous ay veu. C'est un des miracles que faict amour de faire vivre
sans cœur ceux qui ont fleschy soubz le joug de son empire. Ha, mon
cœur, ne voyez que j'ay trop de desir de voler vostre esprit par mille
baisers ou plustost creignant que le mien qui ne veut quicter pour vous
suyvre se laissast emporter sur les ailes du doux Zephir de vostre
haleine. Ne laissez de venir, mon cher amy, me faisant mourir en ce
doux plaisir. Je revivray au mesme instant pour jouyr de bienheureux
contentement mais n'entreprenez rien que ce qui me plait le plus. Vous
sçavez comme je sçay chastier ceux qui s'esgarent en leurs voluptez.
Mandez moy mon serviteur si vous aures plus agreable que j'aille vous
trouver que de venir icy. Je porte le nom de maistresse mais desire vous
obeyr, ma servitude me plait plus qu'aux autres leur liberté. Bonjour,
mon mignon 1ʳ /.

---

[76]   Souvenir possible de Virgile, *Enéide,* IV, 445-446.

[   ] [77] Ce pardon que je vous demanderay en personne pour une si eslongnée absence aura plus d'effect de vive voix que par escript, chere maistresse, c'est pourquoy je vous demande avec toute supplication l'heure de vostre loisir. Tout le jour est à vous et à moy. Je me suis desgagé des promesses que j'avois faites. J'attendray donc vostre commandement et si vous avez agreable que ce soit à midy je m'y treuveray pour vous rendre compte de ce que j'ay faict depuis huict jours et recevray vos commandemens pour ne faire cy apres que ce qui vous plaira, car je ne veux vivre que pour vous servir. Adieu, belle maistresse.

[   ] [78] plus que l'aurore s'il ne faut contenter que vostre esprit, vous avez tort de me [   ]. [79] Vous pouvez jouyr de ce bien en mon absence. Mon cœur et mon esprit n'ont essence que par vous et ne vivent que dedans vostre sein, ne le cherchez pas ailleurs, c'est à vous d'en respondre et sachez que si je dictz ou faiz quelque chose en vostre absence, c'est par l'imagination de voz beaux yeux et la souvenance de vostre amour. N'enviez point ce que je faictz et ne me menacez point, usez de vostre puissance sur moy, je ne seray pas en autre condition Vous ne m'osterez que le cœur et vostre cruauté sera cogneue. Laissez moy donc et ne me faictes miserable avant le temps, le desespoir est ou l'esperance n'est plus, laissez moy esperer grace de vostre bonté ou ne me la faites point. Adieu, belle maistresse.

10.   Le mal qu'apporte la privation d'un bien que l'on tient cher ne se peut figurer ny imaginer que par ceux qui le souffrent. J'en ay bien faict la praticque encore aujourd'huy. En me quittant vous m'avez laissé une douleur si sensible que je croy qu'elle estoit choisie parmy toutes les inquietudes pour me travailler. Mais pourquoy avez vous voulu, mon mignon, me donner un deplaisir qui m'eut tiré par la force d'une violente affection à vous suyvre sans que j'ay esté retenue par la creinte que ma passion vous engendrast du mespriz? Voulez vous le ou non, si vous aymeray je et la sepulture ne me sçauroit desrober la souvenance de mon amour, si en l'autre vye on a quelque memoire de ce que l'on a le plus estimé en ce siecle. [80] J'ay plus de contentement

---

[77]   Cette letrre est évidemment la réponse à la précédente.
[78]   Ici le bord de la page est déchiré.
[79]   Mot illisible.
[80]   Curieuse remarque sous la plume d'un évêque!

à vous entretenir que je n'en prens au repoz. J'ay regret, chere ame de ma vye, que vous dormez sans sollicitude et j'en suis empechée par mille traverses que vous me donnez. Pour me venger je vous souhaitte tenir icy dedans mon petit lict, je vous ferois m'entretenir et si vous chastierois du mal que j'endure pour vous, le genie de mon amour est bien plus pressant que le vostre qui me porte en des extravagances si grandes. Je ne vous envoye point de baisers, vous les rendez trop mal. Je n'en ay receu que trois de six. Si vous avez veu la souvenance que je vous ay laissée en papier sur vostre table et qu'aiez esté extremement inutile tout le soir, je croiz que vous y aurez satisfait. Je vous suplye de travailler à ces choses là et jamais plus aux autres. Je veux revoir ce poulet, il chante trop haut pour en faire garde et puis de l'heure que je parle il est jour deffendu de viande. Adieu, mon mignon.

11.   Obligez vous mon cœur avant que lire davantage à m'accorder la requeste que je vous veux presenter ou ne la lisez point, je le vous deffens. [81]

Au roy de mon cœur,

Supplie en toute humilité ... maistresse de ... qu'il luy est necessaire pour vivre d'avoir un coeur et que le sien l'ayant abandonnée pour aller demeurer au sein de 1ᵛ / son dict serviteur qui frauduleusement et par feintes promesses qu'il luy a faict de le bien traiter l'ayant par ce moien soustraict du lieu où il faisoit la demeure. Ce consideré, Sire, il vous plaise qu'il soit dict que mon serviteur sera contreint par toutes voyes de justice d'amour de me donner son cœur au lieu du mien, duquel je ne veux plus. Aussy qu'il ne m'est possible de le retirer et qu'il soit donc condamner de m'aymer de toute la puissance de son ame sans jamais aymer autre que moy et à la restitution de dix [82] baisers que je luy ay prestez et envoyez dans un poulet, desquelz il ne m'a restitué que trois, requerant qu'il me soit permiz de moy mesmes luy donner par ceste assignation pour respondre sur les faictz qui luy seront proposez, desquelz il ne peut avoir coppie presentement parce que j'entendz de le traiter criminellement à cause de la volerie, qu'il luy soit donc enjoint de respondre devant un corps sans cœur à midy attendant une heure et vous ferez justice.

---

[81]   Sur la tradition des arrêts d'amour, populaire au XVᵉ siècle, voir *Les Arrêts d'amour* de Martial d'Auvergne, ed. J. Rychner (Paris: SATF, 1951), Introd. Etienne Pasquier est l'auteur des *Ordonnances d'amour*, 1564.

[82]   Il s'agissait plus haut de *six* baisers.

Outre ce que dessus moy huissiere d'amour faictz commandement au serviteur de la suppliante de comparoir [83] devant elle pour respondre sur les faictz qu'elle luy proposer. Faict en mon lict à quatre heures apres minuit le quatrieme mois et premier an de mes amours.

5.   Vous m'estonnez quant vous me dictes que vous faites allumer vostre bougie au chevet de vostre lict pour vous endormir à la lecture de mes lettres. Je ne recognois pas, chere maistresse, que mes parolles ayent le pouvoir de charmer voz yeux et endormir voz sens, l'amour que vous dictes me porter doibt estre suffisant pour vous faire souvenir de moy sans vous y convier par la veue de quelque chose qui me represente. Espargnez vostre chandelle et faictes autant pour vous que pour autruy. Voz beaux yeux toute belle, esclairent les plus espesses tenebres et vous ne voiez pas aux rayons de ceste clarté? Vous estes comme la pierre qui aiguise et ne couppe pas. [84] Vous estes capable d'esclairer à autruy et non à vous. Seroit il possible mon cœur que vous laisiez ce naturel de faire naistre en autruy ce qui ne seroit point en vous, que vous eussiez le pouvoir de faire aymer mais de contreindre d'aymer et n'aymer point. Je sens bien en moy l'effect de ce pouvoir. Voz promesses me font croire que vous avez de l'amityé mais la parolle n'est rien si elle n'est accompagnée de l'effect et l'effect n'est louable que par la perseverance. Si vous en desirez l'honneur ne vous lassez point au milieu d'une si belle course. Souvenez vous qu'on ne cueille la palme qu'au bout de la carriere. La gloire d'amour n'est deue qu'à ceux qui meurent constans et l'amoureux n'est dignement recogneu que par la memoire qu'il laisse de soy à ceux qui le suyvent pour exemple de la fidelité, car celui qui la survit a peché contre amour. Celle la approche de ceste faute à qui il faut une souvenance pour luy remettre devant les yeux la constance de son serviteur. Je me tiens heureux de ce que je ne desire ny voz lettres ny voz nouvelles pour me representer ce que j'ay de plus cher au monde. Elles me servent pour tesmoignage de la souvenance que vous avez de moy, car la vostre en mon endroict est aussy peu separable de mon cœur que la clarté du soleil et mon contentement est en la cognoissance que vous en avez. Avec la fin du papier je faictz fin à ma lettre et vous dictz que je suis tout à vous, chere maistresse 2ʳ /.

---

[83]   Comparaître.
[84]   S'agit-il ici de «la queux ou pierre aguisoire» dont il est question dans les *Discours philosophiques*? V. notre *Universe*, p. 76.

6. L'on dict bien vray, chere maistresse, que pour bien faire il ne faut pas tant entreprendre de mestiers. [85] Vous deviez estre contente d'avoir faict la charge de procureur en dressant vostre requeste sans entreprendre la function de l'huyssier pour l'exploiter. Vous donnez des assignations sans avoir pryz l'heure du commissaire. J'ay compareu et n'ay pas esté interrogé, je ne veux point tirer d'advantage par ce congé. Je ne redoubte point la justice d'amour, j'ay l'ame innocente. Donnez moy autre assignation et ne la contreignez pas d'autant que mes responces seront longues et si le greffier n'est diligent, j'en ay pour trois heures au moins. J'attendray voz exploitz et commandemens pour vous porter le reste de dix baisers. J'ay achevé ce que scavez et des ores que vous le voyez pour le contentement que je me prometz que vous y prendrez, le chevet de mon lict m'appelle et la pesanteur des yeux me tire a terre. Vous dormez a l'heure que j'escriptz ce mot. Je ne vous l'envoye pas, mon cœur, mai je suis fasché que je ne suis au lieu ou vous prenez ce repoz, car vous m'en avez menacé, ce sera quant vous voudrez temoigner le bien que vous me voulez. Dieu vous en donne la volonté et à moy la puissance. A Dieu toute belle et douce.

12.   Tous mes jours sont à vous, mandez moy lesquelz des vostres sont à moy pour les affaires que vous scavez, car d'autres services je ne suis pas capable d'en recevoir de plus de quatre jours. Je suis malade d'une fort grande douleur de cœur, j'ay faict un mauvais eschange, celuy que vous m'avez donné ne vaut pas celuy que vous avez eu de moy, mais tel qu'il est il me plaict si fort, que pour chose du monde, je ne le vouldrois perdre et de crainte qu'il aille ailleurs, car il est de naturel fort inconstant, je le traicte de toutes les plus delicates caresses qui peuvent naitre d'un vray et fidel amour. Vous estes plus heureux estant assuré que le mien ne vous quictera jamais. Dieu vous garde, mon serviteur.

13.   Jugez combien j'estime plus voz jours que les miens puisque pour deux jours d'assistance que je vous demande, je vous donne tout le cours de ma vye à vous servir et aymer. Que si vous deignez prendre la peine de venir avec moy, tenez vostre equippage prest. J'iray incontinent apres disner vous trouver. C'est à vous, mon mignon, puisque

---

[85] C'est évidemment la réponse à la «requeste» de «l'huissière d'amour», qu'est le n.º 11.

je suis à vous, de me deffendre de menaces que l'on me faict. Je te
dictz bon jour et te conjure par toutes les plus fortes puissances qui
commandent à ton ame de m'aymer aussy eternellement que sans fin tu
seras possesseur des plus fidelz desirs de mon affection. Autant d'heures
que je suis sans te voir sont autant d'ombres de la mort qui m'envi-
ronnent, je baise voz yeux et tantost vostre bouche. A dieu, mon
mignon.

14. J'ay tousjours bien pensé que vostre passion estoit trop violente
pour estre durable. Aussy n'appartient il qu'à moy d'aymer avec tant
d'ardeur sans discontinuer. Je prevoiois bien comme je vous l'ay dict
beaucoup de fois que la jouyssance qu'il semblait que vous desiriez
avec tant d'affection, feroit naistre le mespriz. Je l'espreuve avec tant
de douleur que la mort me seroit douce qui me delivreroit du mal que
vostre mespriz et l'amour que je vous porte me faict souffrir. Je prins
ce presage funeste non en intention qu'il aille entre voz mains puisque
toutes les plus envieuses influences du ciel s'i opposent de mon costé et
que du vostre vous me privez du moien de vous envoyer ce poulet
et [...] [86] du contentement dont jouyroit mon ame si vous souveniez
de moy. Je suis si resolue en l'amitye que je vous ay jurée que j'ay
prinz [   ] [87] des le commencement de vostre courte affection de
souffrir pour un suject qui m'estoit si agreable, bien que quelque bon
demon m'advertissoit assez que vous ne seriez pas longtemps mien.
Je prye Dieu, mon mignon, que tous voz desseings reuscissent aussy
heureusement que constamment je vous honoreray et que quelque nouvelles amours qui vous possedent, car vous estes trop galant pour n'en
avoir point, ne vous empeschent pas plus de voz affaires qu'ont faict
celles que vous dictes m'avoir vouées et qui ont esté de si peu de
durée. Je souhaite aussy que le repoz de vostre lacquaiz ne soit non
plus traversé pour autres qu'il est pour moy. Je porte tant d'obeissance
à ce qui vous plaict que je n'ose seulement souhaiter que vous m'ay-
miez sachant que cela vous est importun, mais bien que vous ayez une
parfaite cognoissance de ma fidelité et de mon amour.

7. Il sera donc dict que quiconque aura manqué un jour de voir
sa maistresse sera reputé dedaigneux et sans amour. [88] Je n'eusse pas

---

[86] Ici le coin de la page manque.
[87] Laissé en blanc sur le manuscrit.
[88] Réponse à la lettre précédente.

creu, chere dame, que vostre belle ame eust esté capable de telle opinion. Vostre amityé est elle pas fondée sur le passé, n'est elle bastie
que sur ce qui luy est present? Si cela est, je quitte tout pour m'attacher
à vous et ne permettre que vous me perdiez de veue. Mais si l'amour
tire son principal bien des choses passées comm' il le faict (autrement
ce seroit brutalité), je n'ay pas merité vostre courroux pour l'absence
d'un jour auquel vous n'avez rien desiré de moy. Je ne me veux jus-
tifier que par la souvenance que je vous prye de prendre du dernier
jour que j'euz l'honneur de vous veoir. Je serois trop exact de rappeller
en vostre memoire tout le passé. Les derniers offices me semblent suf-
fisans pour vous faire cognoistre que je n'ay point refroidy mon amityé,
ce n'est pas cela qui vous travaille. Il y a quelque chose qui m'est
incogneue. Voz lettres sont trop picquantes pour si peu de suject et
si j'ay quelque cognoissance de vostre esprit vous retenez beaucoup de
choses qui eclorront quant vous voudrez. Je suis aussy resolu de les
ouyr que vous de les dire. Vous m'appellez vostre mignon et vous
m'outragez en telle sorte que je ne scay comment je seray satisfaict.
Vous m'offensez gratuitement. Où avez vous trouvé, belle maistresse,
la fin de mon affection? A qui ay je voué mon service, quelles nouvelles
amours ay je faict en un jour que je n'ay bougé de mon logis? Si
vous croyez que j'ay mis ma liberté en autre main que la vostre, je
suis bien miserable, car il ne me reste aucun moien pour vous tesmoigner mon amityé plus soigneusement que j'ay faict et les occasions
de le faire ne peuvent renaistre. Si ces services là vous servent d'advertissement du manquement de mon affection, je suis mal fortuné que
ce que je faiz pour temoignage de fidelité soit argument de desloyauté.
Les choses paroissent souvent ce qu'elles ne sont pas par le suject
auquel elles sont applicquées. Celuy qui regarde au travers d'un verre
de couleur croit que tout soit de la couleur du verre. La bonne viande
se corrompt en un mauvais estomac. J'arresteray mon discours pour
vous prier de ne croire que je sois si galant que faire nouvelles amours
en un jour. La douleur que je sentiray quant je perdray celle qui m'a
honoré du nom de serviteur mais que j'en sens par l'apprehension que
j'en prens de vostre lettre me retiendra bien de courir à ma fin. Je ne
bruleray plus si ceste flamme s'esteint, car à toute autre je suis
glace 3^r /.

15. [89] Si on doibt esperer pardon de ses faütes pour en avoir une vive repentance et asseurée resolution de n'y retomber plus à l'avenir, je suis digne de la remission de l'offense que je vous ay faicte et plus volontiers me la devez vous accorder puisque ce a esté par la violence de l'amour que je vous porte. Non, mon cœur, je vous proteste par la fidelité que je vous rendray eternelle d'etouffer tous mes deplaisirs avant qu'ilz viennent a vostre cognoissance. J'ay failly je le confesse puisque vous avez treuvé mauvais ce que j'ay faict. Chastiez moy comme vostre et ne me ruinez pas comme ennemye. Mon peché n'est pas si grand que mon malheur. Je n'ay pas peché comme je suis malheureuse si je suis bannye de voz bonnes graces sans rappel. Je ne veuz pas que mon exil soit long. Je veux perdre la vye pour le tort que je vous ay faict si vous mesme ne prenez plaisir à faire un cruel chastiement de celle qui n'ayme rien que son serviteur. Dieu vous face content, mon mignon, et me donne la mort ou voz bonnes graces.

Celle cy fut envoyée avant l'autre et est l'ordre transposé comme en quelques autres cy dessuz. [90]

8.   Celuy qui a dict que l'homme ne devoit estre appellé heureux par avant son decedz, a dit vray. Noz actions sont syncopées par trop d'accidens, noz resolutions sont traversées de trop d'incertitudes. J'en faiz une cruelle preuve, Madame. Je n'useray pas du mot de maistresse que vous ne me l'ayez permiz. Je tenois pour chose certaine que l'ami-tye que vous m'aviez jurée estoit eternelle. Vous la promettiez jusqu'au tombeau et si les ames avoient en l'autre monde quelque ressentiment de ce qu'elles ont chery en cestuicy, vous promettiez de m'y aymer. [91] En ceste asseurance je me suis estimé le plus heureux homme de ma condition, ma fidelité et ma constance me portoient à ceste creance pour ce qu'elles meritoient que vostre amour fut inviolable. J'apprens à mon tres grand malheur que mon jugement m'a trompé. Amour m'eslevoit en l'ombre de ses delices pour me faire tumber de plus haut et vous tenez la main à ceste cheute. Mais je ne suis pas si facile à abbatre que vous pensez. Je n'ay pas le cœur si foible de me laisser emporter à la premiere atteinte. Je n'ay pas entrepriz de vous servir pour quicter mon dessein sans resistance. Quant j'auray faict ce qui

---

[89] Réponse à la lettre précédente.
[90] Le numérotage semble en effet assez embrouillé.
[91] Cf. p. 88, n. 80. Cette lettre répond à la lettre 10.

sera en moy pour conserver ce qui me doibt le repoz de ma vye, je recevray autant d'honneur d'estre veincu que ceux qui conservent leurs amitiez sans peine. Or je ne me tiendray pour veincu que quant vous m'en aurez prononcé la sentence par vostre bouche. Je ne croy pas que quant la volonté en sera née en vostre ame, vous ayez la resolution de l'effectuer en me voyant. La langueur de ma face en laquelle vous avez tracé par vostre lettre le crayon de vostre cruauté, vous amollira le cœur, quelque souvenance de mes fidelz services vous touchera de pityé et si la compassion vous emeut, j'ay assez d'opinion de moy pour croire que vous ne prononcerez jamais ceste sentence à celuy que vous treuvez resolu à toutes fortunes par la consolation qu'il a prise que s'il pert ce qu'il tient precieux comme la prunelle de son euil, [92] ce sera innocemment et sans subject 3ᵛ /.

16. Je ne scay duquel je me doy pleindre ou de vostre courroux ou de vostre bienveillance. L'un m'enfante mille desespoirs vous separant de moy avec une mauvaise volonté et l'autre me laisse autant de desir de suyvre mon cœur que vous emportez vous eslongnant de moy. Je veux bien plutost faire election de ce qui me contente que de ce qui m'afflige. Je me plaix si fort de vous voir posseder ce qui m'est plus cher que je ne vous veux pas seulement prier de me le renvoyer. Jouissez, mon mignon, jouissez à plaisir de ce qui est à vous et ne vous forcez plus à me faire mauvais visage. C'est pour moy une trop cruelle punition. Je vous jure par vous mesme que j'y suis portée par la force d'amour. Chastiez moy donc mon cœur par cent baisers et jugez que ma faute merite ceste douce punition. Ce sera l'office d'un bon serviteur. Aussy ne veux je jamais commettre de crime en vostre endroict qui me face perdre le nom de fidelle et obeissante maistresse. Si vous treuvez bon cest accord vous le scellerez quant il vous plaira. Mais je vous conjure sur l'amityé que vous me portez de ne quicter point voz affaires pour cela. Quant vous en aurez le moins vous m'advertirez dez le matin pour y disposer toutes choses. Il fault quelquefois jeuner pour gaigner appetit. Si vous ne pouvez lire, gardez ce poulet, à la premiere veue nous le deschifrerons ensemble. Adieu, l'ame de ma vye. Je vous donne le bon jour.

---

[92] Expression qui désigne une chose précieuse. V. plus bas, p. 107.

9.   Voz honnestetez sont trop grandes en mon endroict, chere maistresse. Tant de douces parolles et de pardons demandez à celui qui les
attend de vous, me font croire que vous avez feint une jalousie pour
épreuver ma constance et l'ayant recogneue telle que la desirez, me
comblez de mille mignardises d'amour. Vous avez des moyens par-
ticuliers d'esgayer vostre bel esprit, toute belle, ayant cogneu la fermeté de mon amour en l'apprehension que vous me vouliez donner
d'avoir perdu ce que j'ay plus cher que ma vye. Vous vouliez à ce
coup scavoir si je me perdray en la gloire d'amour. Ne croyez pas, mon
coeur, que je sois si outrecuidé de croire que vous m'ayez offensé et
qu'il m'appartienne de chastier celle qui tient en sa main mon mal ou
mon bien, celle de laquelle j'attens ce que je desire de bonheur en ce
monde. Si j'ay creu que vous avez mal jugé de mes actions, je n'en
suis pas à blasmer. C'estoit pour chercher un moyen de vous en donner
si vraye cognoissance et vous les representer si ouvertes que vous eussiez
occasion de me continuer vostre bienveillance. Ne me presentez pas les
triomphes ou je ne peux estre que chetive marque de voz victoires.
Quelque pauvre ignorant desireux de vanité se laisseroit emporter à
ceste creance qu'il auroit contreint sa maistresse de luy demander
pardon. N'attendez pas cela de moy. Je vous demande ce pardon et
vous conjure pour l'amour commune qui est entre nous, de me l'octroyer pour payement apres mes services. Je vous offre cent baisers, c'est
une monnoye d'amour. Vous m'honorez trop d'en recevoir un et en le
prenant me le rendre. Si je pensois vous treuver à une heure je vous
yrois offrir le corps du cœur que vous avez, toute belle 4^r /.

17.   Vous me le donnerez le pardon que je vous demande, mon
cœur, et ne croiez pas si vous ne voulez offenser l'integrité [93] de
mon affection que je puisse feindre en vostre endroict ny amour ny
jalousie. Croyez donc ce que voyez en moy estre veritable selon les
occurrences que jugez en avoir. Si j'ay faict faute c'est humanité, le
pardon est de divinité. Je l'attens donc de vous avec le payement que
vous me promettez, mon mignon.

18.   Mon mignon, j'ay grand peur de ne te voir pas demain car
ce soir Mad. la P. m'a commande de l'assister. Il ne m'est pas permiz

---

[93] Huguet ne cite qu'un sens de ce mot: *virginité;* ici, plutôt: *pureté,*
fermeté.

de luy refuser. Souviens toy, cher amy, de scavoir ce que tu m'a promiz et adjouste ceste obligation à l'affection dont je brule en ton endroit. J'en suis sy transportée que si tu m'aimes autant que je t'honore, je m'estime la plus heureuse femme du monde, s'il est ainsi comme il est que les contens sont les heureux. Vous avez tort que vous n'escrivez à vostre bon amy, je dictz au vostre, car je n'en veux que toy, mon cœur. Je te baise mille fois en l'esprit. Je hay de mort celle qui a empesché ton plaisir, pour le mien je n'en puis comprendre de plus grand que de te baiser et te regarder comme mon bien.

10. Je ne scay, belle maistresse, lequel je doiz accuser ou mon malheur ou vostre discours? L'un ou l'autre m'a osté de la main la chose que plus j'ay recherchée en ce monde. Si je dictz que c'est mon malheur, l'on me dira qu'un galant homme doibt tellement attacher tout à son conseil que la fortune n'y aye part ou pouvoir, que ce mot est introduict pour ceux qui n'ont point de conduicte, que c'est une parolle d'excuse. Si je dictz comm'il est arrivé, je crains d'estre blasmé, car j'ay deu prendre le temps et juger que l'occasion est chauve par derriere, [94] elle est comme noz jours qui ne retournent jamais et encore que au second l'on face ce qui pouvoit estre faict au premier, celuy qui a differé merite d'estre blasmé. Quant l'occasion renaistra, chere maistresse, je ne delaisseray d'avoir perdu le fruict que je devois cueillir. Si j'accuse donc le malheur, j'accuse moy mesme. Si je me plains de vostre discours, je me rendz indigne du bien que j'ay plus cher et neantmoins, mon cœur, vous scavez qu'il consomma tellement le temps, qu'il nous fit si insensiblement passer d'une heure à l'autre qu'il faut dire comme des plantes et arbres que nous ne voyons point croistre mais nous cognoissons bien qu'ilz sont grandz, bref tous noz desseins furent rompuz. Il est en vous, ma chere vye, de me rendre ce que l'occurrence m'a osté et faire qu'il ne me reste aucun subject de me plaindre de l'un ny de l'autre voire faire que pour un bien esperé j'en auray deux ou plusieurs. Faites en renaistre l'occasion et surmontez, puisque il est en vous, ce qui s'oppose à nostre contentement. La grandeur de vostre esprit paroistra à veincre les empeschemens que l'envye apporte à nostre bien commun. Je vous en veux devoir la gloire. Je me rendray aujourd'huy en vostre logiz à deux heures pour y recevoir ou la continuation de mes douleurs ou l'accomplissement de mes souhaitz 4ᵛ /.

---

[94] Proverbe courant.

19.   Mon mignon, s'il y a quelque image en nostre eglise á laquelle vous ayez particuliere devotion, venez y faire voz prieres, nous yrons ensemble à la messe. J'ay trois mots à vous dire. Ilz ne sont pas de guerre. Je n'entreprendray jamais d'attaquer celuy de qui je suis vaincue fors en affection. Car en cela il faut que tout le monde me le quicte et toy aussy mes amours.

11 (?).   Ne croiez pas, chere maistresse, que je laisse renaistre le subject que vous avez autrefois pris pour vous pleindre de moy quant je n'auray rien à vous mander autre chose sinon que j'ay passé la nuit en l'inquietude d'un violent desir. Je le vous escripray quant je ne devrois escripre que un bon jour. Je le feray affin de vous rendre le devoir que vous desirez de moy. Prenez donc, mon cœur, ce mot comme le tribut que vous imposez sur mes journées puisque vous m'en voulez quicter les arrerages d'un jour. Exacte creanciere des gens que vous a faict celuy qui baise mille fois voz blanches mains?

20.   Ce ne m'a esté qu'un ombre [95] de contentement pour me faire ressentir plus vivement la douleur de vostre partement si prompt, si vous n'avez point de meilleure occupation que vous employer pour moy vostre maistresse, faites le moy scavoir. Je m'y traineray toute malade que je suis. Mais surtout, mon mignon, ne vous divertissez d'aucun affaire que vous ayez, ce qui me concerne sera faict en son temps. Je me le prometz car m'ayant acceptée pour vostre, vous vous estes chargé du soin de ce qui me touche et je me suis obligée de vous aymer de tout mon cœur. Je te voudrois tenir icy puisque j'ay quicté le repoz pour songer en toy, mon cher amy.

21.   Mon amour ne peut resembler que à elle mesme. Je suis inimitable en mon affection, mon mignon, si je n'avois miz le but de toute ma gloire à vous aymer parfaitement, peut estre rechercherois je encore quelque pouvoir sur moy pour me retenir de vous dire ma violente passion. Mais puisqu'il ne me reste plus rien à souhaitter que de vous tesmoigner [96] que j'ay livré toutes les puissances de moy mesmes à vostre obeissance, je ne doibz pas cacher ce qu'il m'est utile que vous cognoissiez. Representez vous donc, mon cœur, que les premiers feuz de mon amityé n'estoient que jeux, mais à cest heure sont flammes

---

[95] *Ombre* au masculin est assez fréquent au XVIᵉ siècle. Brunot, 401.
[96] «Que de vous tesmoigner» paraît deux fois sur le manuscrit.

brulantes et faut que je vous avoue, ma chere vye, que j'en ay ce jour des ressentimens si grandz que je ne les sçaurois peindre qu'en ma memoire. Je ne jouyz encore jamais de si doux contentement que j'ay gousté le reste du jour en vostre compagnye qui m'a esté si agreable que le desir du plaisir ne m'a quicté depuis et ne me quittera que je n'aye treuvé mon bien aymé. Ce sera ce matin au milieu de ses affaires. Je ne te baise point en papier, bel amy, je me retiens en l'imagination du vray. Soyez donc content et moy heureuse par la continuation de vostre amityé.

12.   Ceste nuict m'a appriz, chere maistresse, que comme la souvenance des maux passez nous jette en l'apprehension des douleurs, aussy celle du contentement en engendre un second par l'idée du doux sommeil. Je vous confesse qu'il me seroit difficil de dire combien il y a de difference entre la vive imagination d'une chose extremement aymée et la jouissance, car quelz discours, quelz propoz, voire plus poliz l'esprit au repoz du corps massif ne represente il? [97] Il a ses functions plus libres et semble qu'il gouste mieux le plaisir. Mais cela, ma chere vye, est bon pour une fois. Cela est suffisant pour tromper les passions fondées sur un simple appetit brutal comme celles d'Archedieus ou de l'amoureux de Thonis [98] qui contenterent leur volupté par le vain embrassement qu'ilz eurent en songe. Mais celuy qui fonde son amour sur les merites d'une maistresse, sur le contentement qu'il prent en ses discours et l'honneur qu'il a de son amityé ne peut estre content des idées de l'amour. Plus elles sont voisines en son ame, plus elles luy laissent au reveil de desir de les conduire au vray. C'est ce qui engendra la vio'ence en mon amour de vous rechercher et desirer vostre belle presence que vous ne me pouvez refuser qu'avec cruauté, chere amye.

22.   Vous treuvez de belles inventions pour representer extreme ce qui est [   ]. [99] Non je m'en asseure avec telle violence que vous le

---

[97]   Sur la libération de l'âme du corps emprisonné par le sommeil et le thème ovidien de la «mortis imago», V. Introduction, p. 22. Cf. Virgile, *En.* I, 203: «Forsan et haec meminisse iuvabit».

[98]   Il y a plusieurs Archedios dans la mythologie grecque, mais nul ne semble s'identifier avec celui de Pontus. Thonis fut la courtisane dont un jeune homme s'éprit, mais ne put payer les faveurs. Une nuit il songea qu'il couchait avec elle, si bien que son désir s'évanouit à son réveil. Thonis lui intenta un procès, pour être récompensée de cette volupté imaginaire — Plutarque, *Vie de Demetrius*, XXXV.

[99]   En blanc dans le manuscrit. Cette lettre répond à la précédente.

voulez faire croire à vostre maistresse qui ne s'est, je vous jure, rien imaginée en dormant ne voulant donner l'avantage à Morphée de la faire jouyr du contentement de penser à vous. Cea donc esté les yeux ouvertz et l'esprit ravy en la memoire du doux plaisir que je reçoy d'estre aupres de vous que j'ay passé la nuict avec mille desirs que je faiz renaistre à toutes les heures de me voir encore aussy heureusement posseder ce bien que je faisois hyer. Ma commodité sera la vostre. Mais je te suplye, mon cœur, donne un peu de treve à ton amour et pense à tes affaires. Je me faiz une si cruelle force en te disant cela que j'en suis au mourir. Je remetz tout à ta volonté, mon mignon.

13.   C'est grand cas, chere maistresse, que l'esprit de celuy qui ayme parfaitement n'est jamais content du discours de ce qu'il a plus cher que soymesmes. Si dict vray que cent ans luy sont plus courtz qu'une courte journée et moy, chere amye, que doibz je dire d'une petite heure prise à la desrobée pour vous rendre raison de ce que j'avois faict huict jours entiers. [100] Ceste heure là doibt estre apellée un moment. Aussy l'ay je treuvée si courte que si la nuict qui tomboit n'eut accusé mon jugement j'eusse contesté contre l'horloge. Je dictz rendre conte de huict jours d'absence ores qu'il n'en soit passé un seul que je n'aye eu l'honneur de vostre presence, mais ne la voyant que comme un eclair je ne peux dire vous avoir veu mais bien vous avoir desirée, car pour veoir une telle beauté il faut rassoir se veue et luy donner loisir de s'y contenter. Je ne peux donc dire vous avoir veu, belle maistresse, n'ayant eu l'honneur de vostre discours. Je veux bien dire plus que je n'ay pas vescu ces huict jours, aussy ay je esté sans esprit et sans cœur 5ᵛ / ou si j'en ay eu, il m'a tesmoigné mieux que jamais qu'il n'a force, vertu et action que par l'inspiration des rayz de vostre beauté. Et si vous avez voulu, ma chere vye, juger mon visage vous scavez que ma face estoit triste, mon ueil abbatu, et ma contenance forcée, ce mesme visage par vostre confession paroissant à present plus liberal, ces yeux plus ardens et amoureux en un instant mes actions plus agreables vous font cognoistre que vous estes cause de ce changement et qu'il ne m'en faut rien imputer. Mon amour, toute belle, a attaché sur vostre front et sur vostre sein mon bien et mon mal, tout mon heur et ma disgrace. Puisque vous en avez certaine

---

[100]   Il s'agissait également de huit jours d'absence dans une lettre pré-cedente (v. p. 88). Mais on voit que cette fois «l'absence» se définit d'une manière plus subtile.

cognoissance ne me demandez plus raison de mon teint. Il est tel qu'il vous plaict. Aussy faut il puisque je ne veux estre que pour vous, il ne soit que tel que vous le desirerez.

23. Mes cheres amours je ne voudrois pas changer le contentement que je reçoy de vostre souvenance contre ce que j'ay de plus cher en ce monde. N'estimez pas qu'il y aye de plaisir pour moy que celuy que je reçoys par la continuation de vostre amityé. Que je meure, mon serviteur, une heure avant que ma felicité soit troublée ou par un changement ou par un refroidissement de ce feu que j'adore et auquel d'un cœur devot je voue toutes mes actions qui seront tousjours tellement attachées à toutes voz volontez que vous ne vous repentirez d'avoir lié vostre amityé à la mienne infallible. Je n'asseure pas la vostre sur ma beauté ou mes merites mais bien sur mon obeissance et fidelité qui sera tousjours inseparable de ma vye et vous retiendra malgré que vous en ayez en devoir de bien aymer. Je contente mon esprit par mille baisers que je recois en vos lettres, mais ma bouche en est peu satisfaite, ce sera quant il plaira aux occasions et à vous, ma chere vye.

14. Vous m'honorez trop de vostre amityé. Il ne me reste que d'y desirer de la continuation, laquelle je ne me veux promettre que par le merite que j'auray d'estre autant constant en vostre service que vous le desirerez, mais plus encore. Car quant vous ne voudriez pas, je vous aimeray, vostre merite m'y oblige. Ne soyez donc si violente en vostre amour que vous soiez contrainte de vous mesme de la diminuer, c'est tout le malheur d'une amityé. Quant à moy je seray tousjours ferme et inimitable et en ceste qualité je suis tout à vous, ma chere maistresse.

24. Mon mignon, toutes les heures de la nuict ont esté par moy employées à representer à mon esprit toutes les sortes d'afflictions qui semblent avoir faict ligue contre ma fortune. Mais les ayant bien considerées, je ne les ay point treuvé assez fortes pour ruiner ma pacience qui sera invincible autant qu'elle sera fortifiée de vostre bonne grace, pour laquelle me voulant conserver je me propose d'apporter à mon mal toutes sortes de remedes à moy possibles, car autrement je desirerois dez à present la mort pour estre à la fin de mes maux. Mon filz je meurs de la toux et si elle m'emporte je tireray quant à

moy [101] l'amityé que 6ʳ / je vous ay jurée car elle m'accompagnera au tumbeau puisque elle est inseparable d'avec moy. Je prens mille baisers de vous, car de vous en offrir je ne le feray plus, mais je n'en refuseray point quant vous m'en donnerez. Je ne prins hyer autre nourriture, ilz me servent d'ambrosie. Bon jour mon serviteur, si le papier duroit davantage je ne finirois jamais tant je prens de plaisir à parler à vous soit par effect soit en papier. Je crains que vous ayez aujourd'huy tant d'occupations que je n'en sois pas contente.

15.   Ne vous estonnez point, chere maistresse, pour les afflictions, [102] celuy qui n'en eut jamais n'a merité louange, la fortune ne met au nombre des victoires ce qu'elle emporte sur les foibles espritz. C'est vostre honneur d'estre attaqué de toutes partz puisque vous avez la resolution de patienter, rien ne vous peut estre impossible. La gloire sera plus grande d'avoir surmonté tout à un coup tant d'adversitez que si elles estoient arrivées l'une apres l'autre. S'il vous en doibt arriver encore à l'avenir je les souhaitte à present, non pour vous accabler, ma doulce vye, mais pour en supporter ma part, car je veux perir en ces malheurs s'il y a du mal et s'ilz sont veincuz je ne demande rien à l'honneur de la victoire. Courage donc, chere amye, et vous promettez de triompher de toutes sortes d'afflictions. Conservez vous pour la honte de ceux qui vous attaquent. Je leur desire autant de vye qu'il en faut pour survivre leur honneur, un jour vous en seriez tantost vengée. Adieu, chere amye et douce maistresse.

25.   Le deplaisir que j'ay receu des visites de tant d'honnestes personnes me font souhaitter de n'estre bien voulue que de vous, mon cœur, puisque leur bonne volonté m'a esté si prejudiciable que j'en ay esté privée du plus doux contentement que je scaurois recevoir. Je les ay tous mauditz mille fois de me ravir l'heur de vous entretenir. Ce sont mes souveraines delices, ausquelles de bon cœur je voudrois laisser escouler ma vye mais mes cheres amours je croy sans vous offenser que vous fustes bien ayse de ces obstacles qui s'offrirent veu que vous me laissates si promptement en la compagnie d'un qui ne m'est agreable qu'autant qu'elle m'est utile. Je vous diray bien qu'il y demeura tant que je croy qu'il treuva la porte fermée et moy je

---

[101]   Avec moi.
[102]   Réponse à la lettre précédente.

demeuray avec tant de regret de n'avoir point receu les doux baisers de mon serviteur que tout repoz m'en a esté interdict ceste nuict. Bon jour, mon mignon, tenez pour imperissable l'amitié de vostre maistresse et laissez durer la vostre autant que vous me voudrez rendre heureuse.

26. Me donnant à vous, mon mignon, je n'ay rien reservé pour une seconde fois. Je ne vous peux rien renvoyer pour ostage de vostre beau cœur que vous mesme vous vous treuverez peut estre deffectueux vous estant departy à plusieurs 6ᵛ /.

Vous ne delaisserez de me l'envoyer, s'il vous plaict, puisque je vous jure par la chere amityé dont je vous aimeray au dela de tous les siecles, de le vous rendre. Ce serment est assez precieux pour fortiffier le manque de ce que quelqu'autre m'empesche de posseder de vous mon cœur que je conjure de tout mon cœur d'employer ceste petite partye que m'avez donnée de vous à me vouloir du bien. Bon jour, cher amy, je croidz que je vous ay donné toute la bonne nuict et avoir retenu la mauvaise, car personne n'en a passé avec plus d'inquietude.

16. Chere maistresse, je vous envoye les monumens de noz amours et vous prie de n'en avoir moindre soin que de l'obligation plus estroicte, en laquelle vous entrastes jamais. C'est la vostre en mon endroict et la mienne envers vous. C'est un escript qui est capable si l'artifice de quelque jaloux ou envieux de nostre repoz s'efforcoit de le troubler, de vous remettre devant les yeux les promesses jurées et les contentemens de la parfaicte amityé, car je tiens qu'en ces memes feuilles est le type de la plus ardente et violente amour qui fut jamais. Je veux, ma chere vye, que nostre amityé surpasse toutes les anciennes autant en eternité que fidelité. Elle a cela de different avec les autres qu'ilz desirent que l'on les tienne pour amoureux et nous refuyons au prix de nostre vye d'estre recogneuz pour telz. Ilz constituent leur gloire en l'opinion et nous ne la croions qu'aux effectz. Gardez donc bien ce livre et le lisant souvenez vous que vous y voiez les parolles du plus fidel serviteur que fut jamais. Adieu, chere amye.

27. [103] Je n'ay peu voir ce que vous estimez tant sans deplaisir, crainte et contentement. Vous avez raison de la nommer monument, [104]

---

[103] Réponse à la lettre précédente.
[104] Jeu de mots: *monument* signifiait aussi *tombeau.*

car à la verité ce qui y est de moy est chose morte à comparaison des
vives affections qui renaissent tous les jours en mon ame. C'est ce
qui me donne du regret de ne produire des parolles qui vous puissent
representer la force de mon amour. Ma crainte est lisant la peinture de
vostre main que vostre courroux soit gardé en vostre cœur puisque
vous le marquez avec tant de delices pour vous en retenir la souvenance.
Mais mes delices s'i nourrissent par la persuazion que je veux bien que
voz parolles me facent que vous m'aimez. Je le veux recevoir comme
un sainct oracle qui conserve mes plus heureuses destinées. Lisez les
donc souvent, mon mignon, je vous en supplye affin qu'ils vous appre-
nent que ce seroit offenser vostre langue qui les a proferées, voz yeux
qui les ont veues et vostre main qui les a peintes, de les transgresser. Les
honneurs que l'on doibt rendre à une foy jurée jointz avec la constance
et fidelité de mon amour vous retiendront au debvoir que doibt un
serviteur à sa maistresse. Je vous rendz les coppyes du thresor de noz
amours, la minutte est demeurée par devers moy 7^r /.

Il ne peut avoir autre but à ceste chere garde que l'eternité. Perdant
les enseignemens que je vous en ay delivrez, vous en pourrez tousjours
autant retreuver avec moy ne pouvant ny par mort ny par aucun
accident separer de mon cœur ny l'effect ny la cause de mon amour.
Dieu vous donne ce que vous desirez, mon cher serviteur.

17. Si apres le service que je vous ay voué et que vous m'avez
faict l'honneur d'accepter, il me restoit quelque chose pour vous offrir,
chere maistresse, je me tiendrois heureux d'entamer le jour, le mois
et l'an et toutes mes actions par une humble offrande que je vous
en ferois. Mais vostre beauté et vos bonnes graces m'ont tellement
emporté tout à coup qu'il ne me reste qu'un desir de vivre et mourir
au lieu où elles m'avoient logé. C'est donc de ce desir seul que je
vous peux faire present. Non, j'ay tort, chere maistresse. Il me reste
encore quelque chose, car l'on treuve tousjours quelques actions pour
rendre plus recommandables les plus grandes vertuz et l'on peut
adjouster aux ouvrages plus parfaitz quelque embellissement. Je veux
donc adjouster au vœu de service que je vous ay faict une promesse
de fidelité, de constance et amityé perdurable [105] que je vous faiz
aujourd'huy. C'est une protestation de conserver aussy cherement vostre
amityé et bienveillance que solemnellement je luy ay voué mon service.

---

[105] Eternelle.

J'offre donc à l'immortalité de ceste amityé pour holocauste [106] agreable mon cœur, mon ame, ma vye, mon bien et mon heur. Je vous en rendz la depositaire, le depost est sacré et ores qu'il soit deffendu d'en user, je le metz entre voz mains pour en user selon que vous jugerez mon merite.

18. Je ne vous peux dire avec combien de deplaisir, chere maistresse, je suis retourné de vostre logiz sans avoir parlé à vous. Le contentement de vous rendre raison de beaucoup de choses et l'honneur de vous entretenir pour deux jours d'absence m'a esté osté, et pour comble de mon deplaisir il est arrivé que quant vous avez envoyé en mon logiz, j'estois absent et la lettre que je vous escripvois n'a esté donné à vostre lacquaiz, car j'avois bien preveu que mon voiage seroit plus long que je ne desirois. Pour ceste occasion j'y avois miz ordre par un mot de lettre qui est demeuré par la negligence de mes valetz. Je me prometz, tres chere amye, que vous donnerez heure certaine à votre serviteur pour vous gouverner, car il vous asseure qu'il en a plus d'envye qu'il n'eut jamais pour le desir qu'il a de vous faire passer l'humeur melancolique qui vous possede. Ne t'afflige point ma maistresse ou tue 7ᵛ / ton mignon, car l'un depend de l'autre. Et si vous ne prenez consideration que pour vous, conservez vous et ne laissez cest avantage à voz ennemiz qu'ilz disent vous avoir abbatue. Je ne perdray jamais courage pourveu que vous vous assistiez vivement non d'un esprit langoureux et chetif mais de celuy avec lequel vous m'avez acquiz pour serviteur, car à celuy là seul j'ay voué mon cœur ma vye, mon ame et mon service. Aussy suis je incapable de fleschir soubz une ame abbassée et qui ne s'eleve pardessuz ses ennemyz. Je suis trop long pour un qui espere vous veoir apres disnée. Adieu, ma chere vye.

28. Avant que ce funeste et malheureux jour arrive qu'il me faille eslongner de vous, que je meure entre voz bras, mon cher amy. Quelle violence plus cruelle me pouvoit faire mon envieuse fortune que de me separer de mon bien aymé serviteur. Ah, mon cœur, ne permettez point que je vous laisse et puisque mon dessein a miz mes volontez aux vostres, usez du pouvoir que vous avez sur moy et me deffendez de m'en aller. Mais que dictz je, mon mignon, pardonnez à ma passion

---

[106] Sacrifice. Huguet ne cite qu'un exemple de ce mot, chez François de Sales.

qui veut pour son contentement que vous forciez voz desirs et pour me rendre heureuse asservir vostre liberté. Je le souhaitte mais je ne le veux pas. Il est bien raisonnable que je donne par mon absence repoz à vostre esprit que j'ay tant importuné, mais ce sera pour autant de temps que vous me donnerez congé. Il faut se resoudre à partir quant vous l'ordonnerez et mourir tout ensemble. Au moins, mon cœur, qu'avant ce triste jour auquel je prie que la lumiere du soleil soit interdicte, que je vous puisse veoir et donner les fidelles baisers de mon amour et que mes larmes vous temoignent la douleur de mon ame. Je dictz en la plus inutile de toutes voz heures si un bel esprit comme le vostre en peut avoir. Je ne veux pas de celles qui vous sont cheres pour vos affaires. Je ne veux estre mieux traitée que mon merite. Bon soir, la chere ame de ma vye. Tous les galans de la cour sont des sotz à mes yeux. Il n'y a rien de parfaict que mon mignon. [107]

19.   Vous avez tort, chere maistresse, d'avancer mes malheurs et me faire ressentir les vives pointes des douleurs que vostre absence m'apportera. Ne sera il pas temps de se pleindre et fondre en larmes quant il faudra prononcer ce triste adieu? Ne sera il pas temps de souspirer quant ceste importune separation sera avenue? Qui est le miserable qui se deschire avant le mal? S'il est inevitable, il s'y resout, car c'est sottise de s'opposer contre ce que le destin a resolu. Si la prudence le peut destourner il y occupe son esprit non à se pleindre 8ʳ /. Ne m'affligez donc, chere amye, par la representation de ceste douleur. Vye de ma vye, si vous voulez avoir un compagnon en ceste pleinte, laissez venir le temps et ne me tuez par ceste cruelle apprehension. Si vous me desirez du bien, si vous me voulez laisser jouyr de vostre belle presence n'y opposez pas vostre absence future. Au moins laissez moy vivre en ceste esperance que le jour de ce triste depart est incertain, qu'il me survienne et me face mourir en un mesme instant. J'ay tort, mes cheres amours, vous me tesmoignez vostre amityé par vostre lettre, car si vous avez l'apprehension, si elle vous travaille l'ame, je doibz participer à ceste douleur. Il est raisonnable que comme je redoubte mon heur et mon bien de vostre contentement, je ressente aussy les douleurs que vous recevez. Je n'y participe seulement, chere maistresse, mais je les porte avec telle affliction que si je ne me nourrissois d'une esperance de vostre retour, je confesse que l'apprehen-

---

[107]   Réponse à la précédente.

sion de ceste separation m'auroit emporté. Je veux donc souffrir avec esperance ce revivant trespas, car à la verité n'estant inspiré que des rayz de voz beaux yeux, quant ilz ne m'esclaireront plus je ne me representeray point vivant. Mes actions seront mortes puisque elles ne seront vivifiées de vostre presence. Pour cela il ne se faut rendre miserable devant le temps. Vivez, mon cœur, et ne vous imaginez que le present et le passé, l'avenir trouvera sa consolation et la souvenance du passé nous soulagera en nostre misere. Je finiz avec ma lumiere et vous ditz bon soir, maistresse que j'ay plus chere que la prunelle de mon euil.

20.   S'il faut mesurer toutes les journées de l'année aux premieres, chere maistresse, je prevoy que j'auray beaucoup de traverses, car deux jours sont escoulez sans que j'aye eu le bien de vous voir. Ores que j'ay faict toutes choses à moy possibles pour en avoir l'honneur, mon malheur s'i est opposé et vostre commodité ne l'a permiz. Je me veux promettre plus de bien et croire que la fortune n'a aucune part en mes actions et que puisque je ne suis pas vostre serviteur par hazard, je ne doibz conserver ce bien par accident d'entreveue. Je veux donc croire que quant il seroit dict que je n'aurois jamais l'honneur de vous veoir, je ne perdrois vostre bienveillance, car l'on ne peut oster la volonté d'estre vostre serviteur, l'on ne me peut empescher de vous honorer et servir. Or, ma chere amye, cela ne m'afflige point tant que les discours que je faiz sur celle que vous m'avez escripte ce matin, elle m'a tellement pénétré au cœur que si je n'eusse esté obligé à un affaire [108] que je ne pouvois quicter sans descouvrir ce que je 8ᵛ / veux estre incogneu à tout le monde, je vous fusse allé [servir] [109] pour scavoir quelz mouvemens vous ont porté au souhait de vostre mort. [110] Quelz sont les subjectz de ce funeste desir? Est il possible qu'il vous soit entré en l'ame par foiblesse d'esprit ou creinte de ne venir au bout de voz desseins? Je n'ay encore rien cogneu en vous, ma chere vye, qui me face croire que ce mot vous soit eschappé par lascheté de courage. Ce que vous avez entrepriz n'est point en tel estat qu'il vous doive jetter en ce desespoir. Que la comparaison du succez des

---

[108]   Le masculin est encore fréquent.
[109]   Leçon douteuse.
[110]   Cette lettre semble donc répondre au n.º 28, où la dame écrit «que je meure entre vos bras, mon cher amy».

autres ne vous emeuve point, le temps produit tout. Ce qui ne peut estre aujourd'huy faict le sera demain et ce qui n'aura sa perfection demain la recevra une autre fois. Ne mesurez point vostre heur ou malheur à celuy d'autruy, ce que l'on juge par comparaison est manque de raison. Je ne peux croire que le deplaisir de voz amours vous aye poussé en ce discours. J'ay trop de hardiesse et temerité pour croire que mon service vous est agreable et que vous avez tant d'asseurance de moy que croiez fermement que je ne viz que pour vous servir. Je n'auray jamais de repoz en mon ame que je n'aye discouru avec vous sur les causes de ce triste souhaict. Il me touche trop au cœur. Il importe de mon heur et contentement, n'en ayant que celuy que vous recevez ny affliction que la vostre. Changez donc, chere maistresse, de discours et pour vous et pour vostre serviteur.

29. [111]   Mon mignon, ne vous plaisez à ruiner une ame toute à vous bien qu'il soit vray que les femmes ne meurent point de deplaisir, si est ce que perdant voz bonnes graces le desespoir me precipitera au tumbeau et je m'asseure que vous aurez regret d'avoir faict perdre celle qui vous ayme. Je ne diray pas plus quelle mesure, car je vous jure qu'elle ne s'ayme que pour vous adorer. Si je ne vous faisois deplaisir, j'irois demain matin vous treuver pour vous temoigner que je suis vostre fidelle malgré vostre dedain.

21.   Je ne pris jamais mon contentement, Madame, à donner de deplaisir à aucun, à plus forte raison à moy mesme. [112] Vous avez tort de croire que j'aye voulu commencer à m'affliger par vous mesmes. Je ne suis pas si privé de sens. Mais j'ay un malheur que vous ne pouvez prendre mes affections avec l'intention que je les prete. Je dictz volonté et affection, car vous me jugez trop petit pour vous rendre service. Ce sera un contentement avec lequel je mourray que si j'ay peché en vostre endroit ou aux regles d'amityé, c'est par ignorance. Mais mon ignorance ne me desesperera point et ne me fera quicter ce que j'ay acquiz avec tant d'affection. J'attendray de vous l'instruction et les regles de mon devoir qu'il faut que vous me donniez quant vous n'aurez plus de colere contre moy. Dieu ne conseille aux peres de chastier les enfants en colere. J'ay pensé qu'il estoit plus expedient

---

[111]   Réponse à la précédente.
[112]   Réponse à la précédente.

de ne vous dire mot à ce soir que me heurter à vostre contredire. Les torrens retenuz en sont plus impetueux. J'ay fleschy à vos larmes et leur ay laissé la liberté de leur cœurs [113] avec une extreme contreinte sur moy mesmes pour n'en jetter point à cause du lieu où nous estions. Au moins, chere maistresse, confessez maintenent que j'ay dict vray que quant vous auriez gouverné vostre esprit à repoz, vous auriez regret de m'avoir offensé de voz pleurs. Voz parolles me sont trop plus douces, chacune de voz larmes m'a esté un traict au cœur. Si vous l'avez agreable, je vous verray demain et ce pendant faictes moy l'honneur de croire que je suis plus fidel que vous ne m'avez jugé.

30.   Oubliez ce nom de Madame, mon cher amy, et ne me donnez mille mortz auparavant l'extreme. Il n'y a rien qui puisse arrester le cours de mes larmes [114] que d'en perdre entre voz bras l'occasion. Je n'oserois vous aller voir puisqu'il ne vous plaict pas. J'attendray l'heure que vous aurez agreable, jusques à là, mon cœur, vostre lettre vous servira d'accusation et mon extreme affection justifiera mon innocence. Car je proteste que je n'ay pas peché comme je suis malheureuse. Je m'ordonneray moy mesmes une cruelle penitence puisque vous jugez que je vous ay offensé, ce sera un regret qui me suyvra que j'aye par mon ignorance donné subject à mon mignon de se plaindre de moy. Pardonnez moy, chere vye, je le vous demande les mains jointes, les larmes coulantes sur mon sein. Ce papier en est marqué bien que j'essaye de les retenir. Mais qui pourroit en un si extreme deplaisir que le mien se commander qu'il ne paroisse? Vous n'aurez jamais d'ennuy que je n'y prenne part. S'il se pouvoit adjouster quelque chose à mon affliction je le sentirois pour la maladie de vostre frere. Vous me mandez que vous faictes miracle. Il sera tres grand et heureux pour moy si vous changez ma miserable conditon en une plus doulce. Vous changerez bien mon action mais non mon affection, car je ne suis née que pour estre toute vostre.

31.   Si vous voulez avoir la qualité dont vous prenez le nom, il n'est pas raisonnable que vous me braviez, mon serviteur. Mais las je

---

[113] Le manuscrit porte bien *cœurs*, mais la réponse (voir plus bas: «Il n'y a rien qui puisse arrester le cours de mes larmes») prouve que c'est une erreur de la part de l'écrivain.

[114] Réponse à la précédente, d'après cette phrase.

suis bien poussée d'une plus violente passion d'amour que vous 9ᵛ /
n'estes plein de desdain bien que vous en ayez autant que vous en
pouvez concevoir. Je ne me veux point souvenir du mespriz que vous
avez faict de moy ne me voulant permettre que j'aille chez vous. Je
suis resolue d'en faire le chemin à l'heure que vous me manderez que
je ne seray importune. Ce qui m'y mene est que je croy que vous avez
treuvé mauvais le temps que j'ay esté sans y aller. Vous aymant à
l'extremité je crains aussy extremement de vous offenser. Je recevray
les loix que vous me donnerez pour les observer plus religieusement
que le salut de ma vye. Ne privez ma discretion, mon cœur, de ce
qu'elle merite. Toutes les heures que vous me donnerez me seront cheres.
J'ay autant donné de malediction au sieur qui est venu que sa presence
vous a pleu. Vous jugiez bien, avouez verité, que ma petite ame avoit
trop de plaisir en vostre presence, ainsi mes joyes ne sont que des ombres et mes maux des veritez que penser qu'il vous faut laisser, mon cher
mignon, la parolle et toute puissance me meurent par ce souvenir. Helas
A Dieu mon filz et vienne la mort au mesme instant.

C'est à ce coup que je me repents d'avoir aultrefois outragé le
Ciel, l'accusant d'injustice en mon endroit, lors que ayant arresté mes
desseins et pensées sur vous, il desroboit à mes yeux l'object que l'amour
avoit mis dans mon cœur, maintenant se repentant de tant de cruautés
et fleschy par mes vœux il a reparé l'exces de ses rigueurs par la douceur de vostre veue, tout à propos pour encore une fois employer ma
plume et ma langue a renouveller les anciens sermentz de ma fidelité
et me consacrer à vostre service. [115]

Vostre indigne

---

[115] Cette dernière lettre, d'une écriture plus ample et plus hâtive, ne
paraît pas être de la même main que les autres. Voir fig. 4.

BIBLIOGRAPHIE SOMMAIRE

1. Œuvres de Pontus de Tyard

Discours philosophiques. Paris: L'Angelier, 1587.
Œuvres poétiques complètes, ed. J. C. Lapp. Paris: Didier, 1966.

2. Ouvrages consultés

Baridon, S. *Pontus de Tyard (1521-1605).* Milan, 1950.
Bray, R. *La Préciosité et les précieux.* Paris, 1948.
Brunot, Ferdinand. *Histoire de la langue française des origines à 1900.* Tome II: *Le Seizième siècle.* Paris: Armand Colin, 1906.
Briquet, C. M. *Les Filigranes.* Leipsig, 1923.
Ciceron. *De l'orateur.* Paris: Edit. des Belles Lettres, 1935.
Du Vair, G. *De l'éloquence françoise,* ed. R. Radouant. Paris, 1908.
Godefroy, F. *Dictionnaire de l'ancienne langue française.* Paris, 1881-1902.
Hall, K. M. *Pontus de Tyard and his* Discours philosophiques. Oxford, 1963.
Hardison, O. B. *The Enduring Monument.* Chapel Hill, N. C., 1962.
Huguet, E. *Dictionnaire de la langue française du XVIe siècle.* Paris: E. Champion, 1925.
Jeandet, J. P. A. *Pontus de Tyard.* Paris, 1860.
Lapp, J. C. *The Universe of Pontus de Tyard.* Ithaca, N. Y.: Cornell University Press, 1950.
Martial d'Auvergne. *Arrêts d'amour,* ed. J. Rychner. Paris: SATF, 1951.
Montaigne. *Essais,* ed. Pierre Villey. Paris: Alcan, 1922-23.
Mourges, O. de. *Baroque, Metaphysical and Précieux Poetry.* Oxford, 1953.
Pasquier, Etienne. *Œuvres.* 2 vols. Amsterdam, 1723.
—————. *Choix de lettres,* ed. D. Thickett. Geneva, 1956.
Somaize, C. *Le Dictionnaire des Précieuses,* ed. C. M. Livet. Paris, 1856.
Sénèque. *Traités philosophiques,* ed. et tr. par F. et P. Richard. 4 vols. Paris: Garnier, [s. d.].
—————. *Lettres à Lucilius,* ed. et tr. par F. et P. Richard. 3 vols. Paris: Garnier, [s. d.].
Yates, F. M. *The French Academies of the Sixteenth Century.* London, 1947.

www.ingramcontent.com/pod-product-compliance
Lightning Source LLC
Chambersburg PA
CBHW021234020726
47498CB00008B/2840